Dictionarium Bibliothecarii Practicum

ad usum internationalem in XXII linguis

The Librarian's Practical Dictionary

in 22 languages

Wörterbuch des Bibliothekars

in 22 Sprachen

Edited by / Herausgegeben von

Dr. Zoltán Pipics

7th edition/7. Auflage

VD

Verlag Dokumentation, Publishers, München 1977

Collaborator / Mitarbeiter: Dr. József Bödey

Die erste und die zweite Auflage des Werkes sind bei Gondolat Könyvkiadó, Budapest erschienen

Gemeinschaftsausgabe des Verlag Dokumentation Saur KG, München, mit Akadémiai Kiadó, Budapest

Printed in Hungary · Satz und Druck: Akadémiai Nyomda, Budapest
ISBN 3-7940-4110-0

PREFACE TO THE SIXTH EDITION

In the last ten years, six editions of the Librarian's Practical Dictionary have been published for the use of library cataloging departments. The first and second editions (1963—1964) were geared toward librarians whose leading language was Hungarian, while the main language of the third, fourth, and fifth editions (1969—1970—1971) is German. The present sixth edition is based on English, since the practical significance of English in the world of library science is a long-standing fact.

The favorable reception of the previous editions has shown that my main purposes — easy handling, practicality and international use — have been achieved. This is why the editor has retained the same goals for this sixth, completely revised and enlarged edition, with English as the main language. These principles are the following:

1. The number of languages was dictated by actual needs. For this reason, two outstanding literary languages, Portuguese and Norwegian, have been added to the list, thus filling a long-felt need. Most reference works of a similar nature cover hardly more than ten languages, omitting those whose literature raises everyday problems for librarians. In this dictionary the source language is English, followed by French, German, Russian and Spanish. The remaining seventeen languages are listed in English alphabetical order, beginning with Bulgarian.

2. To insure practicality, a special layout was needed. My aim was to provide the librarian with a useful aid which would help in cataloging, arranging, and provide guidance in foreign documentation. The dictionary consists of two parts. Part I contains the word lists in tabular form; Part II gives the word lists in the individual languages successively. This dictionary is a combination of a general and special dictionary, in that it also contains some particles, articles, suffixes, prepositions, etc., that are not strictly relevant to librarianship or library science. These elements should aid users with little or no knowledge of the particular languages in making catalog entries. Calendar units for cataloging periodicals are given in special tables. There are also tables of the full forms of Arabic and Roman cardinal and ordinal numbers, as well as the international transliteration of Greek and Cyrillic letters. Four languages — Greek, Bulgarian, Russian and Serbian — are given both in the original Greek and Cyrillic script and in the latinized form, according to the rules of international transliteration. This is for the benefit of those not familiar with non-Roman alphabets, as well as for librarians working with entries transliterated into the Latin alphabet. Synonyms appear under the headwords (e.g. **drama → play**) with the usual cross-references.

3. The dictionary is suitable for international use. Knowledge of one language is sufficient, unless the user's only language is English. The basic terms are furnished with index numbers referring to the same number in all 22 languages. For example, the definite article "the" is listed in each language under number 339. A practical example: should a French librarian come across the unfamiliar Finnish word "kirjasto", he has to look up the Finnish word list (Part II), where he will find the index number 183 attached to the word "kirjasto"; then, on looking up the same number in the French column of Part I, there he will find the French equivalent term: "bibliothèque".

4. The 22 languages can be used in 462 different bilingual combinations, thus forming 462 bilingual word lists (glossaries). Including the corresponding synonyms, the total number of dictionary entries is approximately 17,000. On the other hand, nation names, which took up too much space in previous editions, were excluded from the present one. A dictionary of such specific nature cannot aim at completeness in every respect.

Since this is a very special dictionary, general dictionaries alone could not be relied upon. In addition to my own experience, I turned to the most competent authorities in each language area, most of whom are active in national or university libraries. Thanks to the international solidarity of librarians, I was able to complete the present work. I gratefully record my obligation to the institutions which have been of assistance in supervising, regularly or occasionally, the correctness of the special terms submitted to them in the course of the past ten years:

Athens, Ethnike Bibliotheke
Belgrade, Jugoslavenski Bibliografski Institut
Bratislava, Universitná Knižnica
Bucharest, Biblioteca Centrală de Stat
Copenhagen, Kongelige Bibliotek
The Hague, Koninklijke Bibliotheek
Helsinki, Yliopiston Kirjasto
Lisbon, Biblioteca Nacional
Madrid, Biblioteca Nacional
Moscow, Vsesoyuznaya Knizhnaya Palata
Oslo, Universitetsbibliotek
Paris, Bibliothèque Nationale
Prague, Universitni Knihovna
Rome, Biblioteca Nazionale Centrale
Sofia, Narodna Biblioteka
Stockholm, Kungliga Biblioteket
Warsaw, Biblioteka Narodowa
Zagreb, Nacionalna i Sveučilišna Biblioteka

Contacts with these renowned institutions were established by the Országos Széchényi Könyvtár, the National Library of Hungary (founded in 1802) through the good offices of its deputy director Dr. G. Sebestyén. The present, sixth edition of Dictionarium Bibliothecarii Practicum is the result of these fruitful relations.

Budapest, May 1973 *Dr. Z. Pipics*

VORWORT ZUR SECHSTEN AUSGABE

Das Dictionarium Bibliothecarii Practicum erschien im Laufe der vergangenen zehn Jahre in sechs, voneinander abweichenden Ausgaben. Für die erste und zweite Auflage (1963 und 1964) war die ungarische Sprache die Ausgangssprache, für die dritte, vierte und fünfte Auflage (1969, 1970 und 1971) war es die deutsche, und jetzt, für die vorliegende, sechste Auflage bildet die englische Sprache die Ausgangssprache. Es erübrigt sich, die praktische Bedeutung dieser Weltsprache für die Bibliothekswissenschaft überhaupt zu beweisen. Die verschiedenen Ausgaben des Dictionarium sind ein wichtiges Hilfsmittel für die Katalogisierungsarbeiten der Bibliotheken, und findet sich in den Regalen aller Handbibliotheken.

Das positive Echo der früheren Auflagen dieses Wörterbuches bestätigte mir, daß es richtig war, vor allem auf folgende Hauptpunkte bei der Bearbeitung zu achten: den der praktischen Anwendungsmöglichkeit und den der Eignung zum internationalen Gebrauch. Demnach habe ich in der vorliegenden sechsten, neubearbeiteten und erweiterten Ausgabe — diesmal mit Englisch als Grundsprache — die ursprünglichen Prinzipien beibehalten:

1. *Die Anzahl der Sprachen richtet sich nach dem tatsächlichen Bedarf.* Es wurden deshalb zwei weitere Sprachen: das Norwegische und das Portugiesische — beide mit bedeutender Literatur — aufgenommen, wodurch ein bereits seit langem verspürter Mangel behoben wurde. Die meisten ähnlichen bibliothekarischen Werke erfassen kaum mehr als zehn Sprachen und lassen solche außer acht, deren Literatur für die Bibliothekare ein tägliches Problem bedeutet. In diesem Wörterbuch ist die Grundsprache das Englische, dem Französische, Deutsche, Russische und Spanische folgen, sodann kommen mit dem Bulgarischen an der Spitze weitere siebzehn Sprachen, in der Reihenfolge des englischen Alphabets.

2. *Die praktische Bestimmung des Wörterbuches erforderte einen speziellen Aufbau.* Das Ziel war, dem Bibliothekar zu seiner alltäglichen Arbeit auf dem Gebiete der Katalogisierung und Ordnung fremdsprachiger Dokumente eine Hilfe zu bieten. Das Wörterbuch hat zwei Teile: I. Das in Tabellen gefaßte gemeinsame Wörterverzeichnis der Sprachen; II. Die Wörterverzeichnisse der einzelnen Sprachen. Das Wörterbuch stellt eine Kombination der allgemeinen und der Fachwörterbücher dar, insofern es auch zahlreiche grammatikalische Hilfswörter wie Artikel, Suffixe, Präpositionen usw. enthält, die nicht unmittelbar in den Bereich des Bibliothekswesens und der Bibliothekswissenschaft gehören. Diese erleichtern die Konstruierung der Titelaufnahmen für diejenigen, die die betreffende Sprache überhaupt nicht oder nur in geringem Maße kennen. Spezielle Tabellen enthalten die Benennungen der zur Bearbeitung der Periodika benötigten Zeitabschnitte, die Auflösung der arabischen und römischen Grund- und Ordnungszahlwörter in Buchstaben sowie die bibliothekarischen internationalen Transkriptionsregeln der griechischen und kyrillischen Buchstaben. Vier Sprachen: Griechisch, Bul-

garisch, Russisch und Serbisch sind außer der ursprünglichen griechischen bzw. kyrillischen Schrift auch in der durch die internationale Norm angenommenen Transkription in lateinischer Schrift gebracht, für Anfänger und diejenigen Bibliothekare, die diese Schriften nicht kennen bzw. die mit transkribierten Titelaufnahmen arbeiten. Die sinnverwandten Wörter werden unter einem Sammelwort zusammengefaßt (z. B. **drama** → **play**).

3. Das Wörterbuch ist für den internationalen Gebrauch geeignet. Von den zweiundzwanzig Sprachen genügt bereits die Kenntnis einer einzigen, falls das Wörterbuch nicht von einem englischen Bibliothekar benutzt werden sollte. Die Grundbegriffe sind nämlich mit Leitzahlen versehen, die sich auf dieselben Zahlen in allen zweiundzwanzig Sprachen beziehen. So steht z. B. der bestimmte Artikel (the) im Wörterverzeichnis einer jeden Sprache unter der Leitzahl 339. An einem praktischen Beispiel erläutert: begegnet einem französischen Bibliothekar das finnische Wort 'kirjasto', das er nicht kennt, so sucht er die im finnischen Wörterverzeichnis (Teil II) bei dem Wort 'kirjasto' die an dem Seitenrand stehende Leitzahl 183 in der französischen Kolumne des Gesamtregisters (Teil I) heraus, wo er das Wort 'bibliothèque' und damit auch die Lösung finden wird.

4. Die Wörter aus zweiundzwanzig Sprachen lassen sich 462fach einander gegenüberstellen, und damit erübrigen sich 462 zweisprachige Wörterverzeichnisse (Glossarien). Mit den entsprechenden Synonymen wächst die Anzahl der Ausdrücke auf etwa 17 000 lexikographische Angaben an. Hingegen wurden die Völkerbezeichnungen (die in den vorangehenden Auflagen allzu viel Raum eingenommen haben) außer acht gelassen, in der Überzeugung, daß ein Wörterbuch spezieller Art keinen Anspruch auf Vollständigkeit erheben kann.

Da es sich um ein Fachwörterbuch ganz eigener Art handelt, kamen allgemeine Sprachwörterbücher als etwaige Quellenwerke nicht in Betracht. Wo meine eigenen Kenntnisse und Erfahrungen nicht ausreichten, mußte ich mich an die authentischen Kenner der Fachsprache der Großbibliotheken in anderen Ländern wenden. Für die internationale Solidarität der Bibliothekare sollen hier mit verbindlichem Dank die Namen all derjenigen Institutionen aufgezählt werden, die in den vergangenen zehn Jahren regelmäßig oder fallweise die Authentizität der Fachausdrücke geprüft haben:

Athen, Ethnike Bibliotheke
Belgrad, Jugoslavenski Bibliografski Institut
Bratislava, Universitná Knižnica
Bukarest, Biblioteca Centrală de Stat
Den Haag, Koninklijke Bibliotheek
Helsinki, Yliopiston Kirjasto
Kopenhagen, Kongelige Bibliotek
Lissabon, Biblioteca Nacional
Madrid, Biblioteca Nacional
Moskau, Wsesojusnaja Knishnaja Palata
Oslo, Universitetsbibliotek
Paris, Bibliothèque Nationale
Prag, Universitni Knihovna
Rom, Biblioteca Nazionale Centrale
Sofia, Narodna Biblioteka
Stockholm, Kungliga Biblioteket

Warschau, Biblioteka Narodowa
Zagreb, Nacionalna i Sveučilišna Biblioteka

Die Beziehungen zu diesen hochangesehenen Institutionen hat die ungarische Nationalbibliothek Országos Széchényi Könyvtár (gegründet 1802) — persönlich ihr Stellvertretender Oberdirektor Dr. G. Sebestyén — von Anfang an mit großem Verständnis ausgebaut. Das Ergebnis dieser ersprießlichen Tätigkeit bildet die vorliegende 6. Ausgabe.

Budapest, Mai 1973

Dr. Z. Pipics

AD USUM BIBLIOTHECARIORUM NON-ANGLICORUM

Exquirendo traductionem cuiuslibet termini in aliam linguam, consultamus primum partem secundam vocabularii (Linguae singulae). Numeri indices inveniuntur in margine.

Dein inquirendus est numerus necessarius in rubrica conveniente partis primae vocabularii (Linguae cunctae)

A L'ATTENTION DES BIBLIOTHÉCAIRES NON ANGLAIS

Pour trouver la traduction du terme inconnu dans la langue demandée, consulter d'abord Part II du vocabulaire (Linguae singulae), en cherchant le terme dans le registre alphabétique de la langue à laquelle ce term appartient. Noter la référence numérique de renvoi portée en marge.

Identifier l'équivalent du terme en question dans le tableau synoptique de la Part I du vocabulaire (Linguae cunctae), en cherchant, d'après la référence numérique de renvoi, la rubrique de la langue intéressée.

ДЛЯ БИБЛИОТЕКАРЕЙ, НЕ ПОЛЬЗУЮЩИХСЯ АНГЛИЙСКИМ ЯЗЫКОМ

При каталогизации и переводе терминов в первую очередь следует пользоваться второй частью словаря (Linguae singulae). Индекс-номер на поле страницы.

После этого следует разыскать индекс-номер в соответствующей рубрике первой части словаря (Linguae cunctae).

¿PARA LOS QUE EMPLEAN ESTE DICCIONARIO PERO NO CONOCEN EL IDIOMA INGLES

Queriendo saber el significado de un vocablo en otro idioma, hay que recurrir al Parte II (Linguae singulae), donde el indice en el margen del vocabulario servirá para orientarse.

Con la ayuda de este índice se encontrará en la Parte I (Linguae cunctae) la acepción del vocablo en los otros idiomas.

ABBREVIATIONS—(Notae)—ABKÜRZUNGEN—ABBRÉVIATIONS—СОКРАЩЕНИЯ—ABBREVIATURAS

a. adjective — (adjectivum) — adjectif — Adjektiv — прилагательное — adjetivo
n. noun — (substantivum) — substantiv, nom — Substantiv — существительное — substantivo
pl. plural — (pluralis) — pluriel — Plural — множественное число — plural
v. verb — (verbum) — verbe — Verb — глагол — verbo
→ see — (vide) — voir — siehe — смотри — véase
/ or — (sive) — ou — oder — или — o
— omitted in translation — (in alium sermonem non convertitur) — ne pas traduire — bleibt unübersetzt — не переводится — no se traduce

I

	ENGLISH Anglica	FRENCH Gallica	GERMAN Germanica	RUSSIAN Russica	SPANISH Hispanica
1	**a, an**	un, une	ein, eine, ein	odin, odna, odno (один, одна, одно)	un(o), una
2	**abbreviated entry**	notice abrégée	verkürzte Aufnahme	sokraščënnoe/ kratkoe opisanie (сокращённое/ краткое описание)	asiento bibliográfico abreviado
3	**about**	de, d' sur	über um	o (о) ob (об) obo (обо)	de
4	**abridge**	abréger	abkürzen	sokraščat' (сокращать)	abreviar acortar
	abstract →summary				
5	**academy**	académie	Akademie	akademija (академия)	academia
	account →report[1]				
6	**act**	acte	Aufzug Akt	akt (акт) dejstvie (действие)	acto jornada
7	**adage (aphorisme saying)**	adage dicton	Spruch	pogovorka (поговорка) izrečenie (изречение) aforizm (афоризм) maksima (максима)	sentencia máxima
8	**adapt**	adapter	bearbeiten	adaptirovat' (адаптировать)	adaptar aplicar
9	**added entry (secondary entry)**	entrée secondaire	Nebeneintragung	dobavočnoe opisanie (добавочное описание) vspomogatel'noe opisanie (вспомогательное описание)	encabezamiento secundario (España) entrada secundaria (Hispanoamérica) ficha secundaria

BULGARIAN Bulgarica	CROATIAN Croatica	CZECH Bohemica	DANISH Danica	DUTCH Hollandica	FINNISH Fennica
edin, edna, edno (един, една, едно)	jedan, jedna, jedno	jeden, jedna, jedno	en et	een	—
sâkrateno opisanie (съкратено описание)	skraćeni opis	zkrácený popis	forkórtet indførsel	verkorte titelbeschrijving verkorte catalogustitel	lyhennetty kirjaus
otnosno (относно) vârhu (върху) za (за) po (по)	o po vrh	o	om over	over van	-sta -stä
sâkraštavam (съкращавам) skâsjavam (скъсявам)	skraćivati	zkrátit	forkorte	afkorten verkorten	lyhentää
akademija (академия)	akademija	akademie	akademi	academie	akatemia
dejstvie (действие)	čin akt	dějství jednání	akt	akte bedrijf	näytös
pogovorka (поговорка) maksima (максима)	mudra izreka	průpověď výrok	sentens	spreekwoord	mietelause mietelmä
adaptiram (адаптирам)	adaptirati prilagoditi	přizpůsobit upravit	tillempe	aanpassen aanwenden	laittaa sovittaa
dopâlnitelno opisanie (допълнително описание)	sporedna kataloška jedinica	vedlejši záznam	bikort	opneming onder secundaire hoofdwoord	lisäkirjaus apukirjaus apukortti

	GREEK Graeca	HUNGARIAN Hungarica	ITALIAN Italica	LATIN Latina	NORWEGIAN Norvegica
1	heis *(εἶς)* hen *(ἕν)* mia *(μία)* ti(s) *(τὶς)*	egy —	un, uno una un'	unus, una, unum	en, et en, ett
2	syntomos anagraphe *(σύντομος ἀναγραφή)*	rövidített címfelvétel	indicazione abbreviata	catalogisatio brevis	forkortet innførsel
3	gia *(γιά)* dia *(διά)* peri *(περί)*	-ról, -ről; felett	da su sopra	de supra super	om over
4	brachyno *(βραχύνω)* systello *(συστέλλω)*	rövidít	abbreviare compendiare riassumere	breviorem facere compendere contrahere	forkorte
5	akademeia *(ἀκαδήμεια)*	akadémia	accademia	academia	akademi
6	praxis *(πρᾶξις)*	felvonás	atto	actus	akt
7	aphorisma *(ἀφόρισμα)* apophthegma *(ἀπόφθεγμα)* gnome *(γνώμη)*	mondás	detto sentenza	adagium dictum maxima sententia verbum	ordspråk sentens
8	enarmozo *(ἐναρμόζω)*	alkalmaz felhasznál	adattare applicare	accommodare adaptare aptare	avpasse bearbeide tillempe
9	sympleromatikon deltion *(συμπληρωματικόν δελτίον)*	melléklap	scheda secondaria	charta/scida adiuncta charta/scida secunda	tilleggsinnførsel biinnførsel

POLISH Polonica	PORTUGUESE Portugallica	RUMANIAN Rumenica	SERBIAN Servica	SLOVAK Slovaca	SWEDISH Suecica
jeden, jedna, jedno —	um(a)	un, o; nişte *pl.*	jedan, jedna, jedno (један, једна, једно)	jeden, jedna, jedno	en ett
skrócony opis bibliograficzny	entrada simplificada	catalogizaţie scurtată	skraćeni opis (скраћени опис)	skrátený popis	förkortad titel
o nad	acerca de de sobre, sôbre	asupra despre	o (o) po (по) vrh (врх)	o	om över
skracać	abreviar resumir	abrevia prescurta	skraćivati (скраћивати)	krátiť	förkorta
akademia	academia	academie	akademija (академија)	akadémia	akademi
akt	acto	act	čin (чин) akt (акт)	dejstvo	akt
aforyzm przypowieść sentencja	adagio provérbio	maximă sentinţă vorbă	(mudra) izreka (мудра изрека)	maxima výrok	ordspråk sentens
adaptować przystosować	adaptar aplicar	adapta aplica	adaptovati (адаптовати) prilagoditi (прилагодити)	prispôsobiť upraviť	anpassa avpassa
opis dodatkowy	entrada secundária	fişă suplimentară/ secundară	sporedna kataloška jedinica (споредна каталошка јединица)	vedľajší záznam	biuppslag

	ENGLISH Anglica	FRENCH Gallica	GERMAN Germanica	RUSSIAN Russica	SPANISH Hispanica
10	**addenda** *pl.*	addenda *pl.*	Nachträge *pl.* Ergänzungen *pl.*	dopolnenie (дополнение) dobavlenie (добавление)	complemento suplemento
11	**advertisement**	annonce publicitaire	Reklame Inserat	ob"javlenie (объявление) reklama (реклама)	anuncio
12	**after**	après	nach	posle (после)	detrás de después de
13	**album**	album	Album	al'bom (альбом)	álbum
14	**almanac(k)**	almanach	Almanach	al'manach (альманах)	almanaque
15	**alphabetical order**	classement alphabétique	alphabetische Ordnung	alfavitnyj porjadok (алфавитный порядок)	orden alfabético
16	**alphabetize**	ranger par ordre alphabétique	alphabetisieren	raspolagat' v alfavitnom porjadke (располагать в алфавитном порядке)	alfabetizar
	alter →**change**[1]				
17	**ancient** **(old)**	ancien vieux antique	alt	staryj (старый) drevnij (древний)	antiguo viejo
18	**and**	et	und	i (и)	y
19	**annals** *pl.*	annales *pl.*	Jahrbücher *pl.* Annalen *pl.*	ežegodnik (ежегодник)	anuario anales *pl.*
20	**annex**	joindre inclure	beilegen beischließen	prikladyvat' (прикладывать) prilagat' (прилагать)	adjuntar incluir

BULGARIAN Bulgarica	CROATIAN Croatica	CZECH Bohemica	DANISH Danica	DUTCH Hollandica	FINNISH Fennica
dobavki (добавки) *pl.* dopâlnenie (допълнение)	dopuna dodatak	dodatek	supplement tillæg	supplement aanvulling	täydennys
objavlenie (обявление) reklama (реклама)	oglas obavijest reklama	inzerát reklama	annonce avertissement	advertentie reclame	ilmoitus mainos
sled (след) po (по)	poslije iza	po podle	efter	naar	jälkeen
album (албум)	album	album	album	album	albumi
almanah (алманах)	almanah	almanach	almanak	almanak	almanakka
azbučen red (азбучен ред)	abecedni red	abecední pořadí	alfabetisk ordning	alfabetische rangschikking	aakkosjärjestys
nareždam po azbučen red (нареждам по азбучен ред)	slagati po abecedi abecedirati	srovnat abecedně	alfabetisere	alfabetiseren	aakkostaa
star (стар) dreven (древен)	star antički	starý dávný antický	gammel	oud	vanha entinen muinainen
i (и)	a i pa	a i	og	en	ja
letopisi (летописи) *pl.*	ljetopisi *pl.*	anály *pl.* letopisy *pl.*	annaler *pl.*	annalen *pl.*	vuosikirjat *pl.* annaalit *pl.*
pribavjam (прибавям)	prilagati pridodavati	připojit	føje til	bijdragen bijvoegen	liittää lisätä

	GREEK Graeca	HUNGARIAN Hungarica	ITALIAN Italica	LATIN Latina	NORWEGIAN Norvegica
10	prosthekai *(προσθήκαι) pl.*	kiegészítés(ek *pl.)*	supplemento aggiunta	supplementum complementum	bilag supplement tillegg
11	angelia *(ἀγγελία)* diaphemisis *(διαφήμισις)*	reklám hirdetés	pubblicità	propaganda	annonse avertissement
12	meta *(μετά)* kata *(κατά)*	után	dopo	post secundum, ad	etter
13	leukoma *(λεύκωμα)* almpum *(ἄλμπουμ)*	album	albo album	album	album
14	almanak *(ἀλμανάκ)* almanach *(ἀλμανάχ)*	almanach	almanacco	almanachus	almanakk
15	alphabetike taxinomesis *(ἀλφαβητική ταξινόμησις)*	betűrend abécérend	ordinamento alfabetico	litterarum ordo alphabetum	alfabetisk ordning
16	aradiazo ste alphabetike seira *(ἀραδιάζω στή ἀλφαβητική σειρά)*	betűrendez ábécéz	alfabetare	in litteram digerere alphabeticare	alfabetisere
17	pal(a)ios *(παλαιός)* archaios *(ἀρχαῖος)*	régi ó	antico vecchio	antiquus vetus	gammel
18	kai *(καί)*	és, s	e ed	et	og
19	chronika *(χρονικά) pl.*	évkönyvek *pl.*	annali *pl.*	annales *pl.*	annaler *pl.*
20	prostithemi *(προστίθημι)* esokleio *(ἐσωκλείω)*	csatol mellékel	aggiungere annettere	adiungere annectere addere	sette til

POLISH Polonica	PORTUGUESE Portugallica	RUMANIAN Rumenica	SERBIAN Servica	SLOVAK Slovaca	SWEDISH Suecica
dopełnienie dodatek	complemento suplemento	supliment	dopuna (допуна) dodatak (додатак)	doplnok	tillägg supplement
reklama	anúncio	reclamă publicaţie	reklama (реклама)	inzerát reklama	annons
po za	depois de	după	posle (после) iza (иза)	po za	efter
album	álbum	album	album (албум)	album	album
almanach	almanaque	almanah	almanah (алманах)	almanach	almanack(a)
porządek abecadłowy	alfabetacão ordem alfabetica	ordine alfabetică	azbučni/ alfabetski red (азбучни/ алфабетски ред)	abecedný poriadok	alfabetisk ordning
układać podług alfabetu	alfabetar	alfabetiza	slagati po abecedi (слагати по абецеди)	usporiadať abecedne	alfabetisera
dawny	antigo velho	antic vechi	star (стар) antički (антички)	starý dávny antický	gammal
i	e	şi	a (а) i (и) pa (па)	a i	och
annały *pl.*	anais *pl.*	anuare *pl.* anale *pl.*	letopisi (летописи) *pl.* anali (анали) *pl.*	anály *pl.* letopisy *pl.*	annaler *pl.*
dołączyć załączyć	juntar	adăuga la anexa la ataşa la	prilagati (прилагати) pridodavati (придодавати)	priložiť pripäť pripojiť	bifoga tillägga

	ENGLISH Anglica	FRENCH Gallica	GERMAN Germanica	RUSSIAN Russica	SPANISH Hispanica
21	**annotate**	annoter	annotieren	annotirovať (аннотировать)	anotar
22	**annotation (explanatory note note)**	annotation	Annotation Anmerkung	annotacija (аннотация) primečanie (примечание)	anotación nota
	annual →year-book				
	annual volume →volume²				
23	**anonymous**	anonyme	anonym verfasserlos	anonimnyj (анонимный)	anónimo
24	**anthem (hymn)**	hymne	Hymne	gimn (гимн)	himno
25	**anthology**	anthologie	Anthologie	antologija (антология)	antología
	aphorism→adage				
	appear→ be published				
26	**appendix**	appendice	Anhang Zusatz Appendix	priloženie (приложение)	apéndice
27	**applied**	appliqué	angewandt	prikladnoj (прикладной)	aplicado
28	**archives** *pl.* **(record office)**	dépôt des actes archives *pl.*	Archiv	archiv (архив) archivnoe učreždenie (архивное учреждение)	archivo
	argument→contents				
29	**arrange (order³)**	arranger ordonner	ordnen	raspolagať (располагать) privodiť v porjadok (приводить в порядок)	arreglar ordenar

BULGARIAN Bulgarica	CROATIAN Croatica	CZECH Bohemica	DANISH Danica	DUTCH Hollandica	FINNISH Fennica
anotiram (анотирам)	pribilježiti anotirati	anotovat	annotere forsyne med noter	annoteren	esitellä
anotacija (анотация)	bilješka napomena primjedba opaska	anotace poznámka	anmærkning note	aantekening annotatie noot	selostus
anonimen (анонимен) bezimen(en) (безименен)	anoniman bezimen	anonymní bez autora	anonymní	anoniem naamloos	anonyymi nimetön
himn (химн)	himna	hymna	hymne	hymne	hymni
antologija (антология)	antologija	antologie	antologi	anthologie	runokokoelma runovalikoima
priloženie (приложение) priturka (притурка) pribavka (прибавка)	dodatak dopuna(k)	dodatek přídavek	tillæg appendiks supplement	aanhangsel	liite lisä
priložen (приложен)	primijenjen	užitý	anvendt	toegepast	sovellettu
arhiv (архив) arhiva (архива)	arhiv	archív	arkiv	archief	arkisto
podreždam (подреждам) privezdam v red (привеждам в ред)	prirediti	uspořádat	arrangere ordne	ordenen rangschikken	järjestää panna kuntoon

	GREEK Graeca	HUNGARIAN Hungarica	ITALIAN Italica	LATIN Latina	NORWEGIAN Norvegica
21	semeiono *(σημειώνω)*	annotál	annotare	annotare	annotere forsyne med anmerkninger
22	semeiosis *(σημείωσις)*	jegyzet	annotazione nota	nota glossa annotatio	anmerkning note
23	anonymos *(ἀνώνυμος)*	névtelen	anonimo	anonymus	anonym
24	hymnos *(ὕμνος)*	himnusz	inno	hymnus	hymne
25	anthologia *(ἀνθολογία)*	antológia	antologia	florilegium anthologia	antologi
26	parartema *(παράρτημα)* parergon *(πάρεργον)* prostheke *(προσθήκη)* prosthesis *(πρόσθεσις)*	függelék toldalék pótlás	appendice	appendix additamentum	appendiks bilag tillegg
27	ephermosmenos *(ἐφηρμοσμένος)*	alkalmazott	applicato	applicatus	anvendt
28	archeion *(ἀρχεῖον)*	levéltár archivum	archivio	archivum chartarium	arkiv
29	taktopoio *(τακτοποιῶ)* dioikeo *(διοικέω)*	rendez	assortire ordinare	ordinare componere digerere	opstille ordne

POLISH Polonica	**PORTUGUESE** Portugallica	**RUMANIAN** Rumenica	**SERBIAN** Servica	**SLOVAK** Slovaca	**SWEDISH** Suecica
adnotować	anotar	adnota	anotirati (анотирати) pribeležiti (прибележити)	anotovať	annotera förse med noter
adnotacja dopisek notatka	anotação	însemnare notă	opaska (опаска beleška (белешка) napomena (напомена) primedba (примедба)	anotácia poznámka	anmärkning not
anonimowy	anónimo	anonim	anoniman (аноиман) bezimen (безимен)	anonymný	anonym
hymn	hino	imn	himna (химна)	hymna	hymn
antologia	antologia	antologie	antologija (антологиja)	antológia	antologi
dodatek suplement uzupełnienie	apêndice suplemento	apendice	dodatak (додатак) dopuna (допуна)	dodatok	tillägg bihang
stosowany	aplicato	aplicat	primenjen (примењен)	užitý	tillämpad
archiwum	arquivos *pl.*	arhivă	arhiv (архив)	archív	arkiv
porządkować	ordenar pôr em ordem	rîndui aranja aşeza	prirediti (приредити)	usporiadať upraviť	ordna

	ENGLISH Anglica	FRENCH Gallica	GERMAN Germanica	RUSSIAN Russica	SPANISH Hispanica
30	**art**	art	Kunst	iskusstvo (искусство)	arte
31	**article**	article	Artikel	stat'ja (статья)	artículo
32	**assembly (meeting)**	assemblée meeting	Versammlung Tagung	sobranie (собрание)	asamblea junta
	assist →collaborate				
33	**atlas**	atlas	Atlas	atlas (атлас)	atlas
34	**authentic**	authentique	authentisch echt beglaubigt	autentičeskij (аутентический) podlinnyj (подлинный)	auténtico
35	**author**	auteur	Verfasser	avtor (автор)	autor
36	**author bibliography (biobibliography)**	bibliographie individuelle biobibliographie	Personalbibliographie Biobibliographie	personal'naja bibliografija (персональная библиография) biobibliografija (биобиблиография)	bibliografía personal bio-bibliografía
37	**authorize**	autoriser	autorisieren berechtigen	avtorizovat' (авторизовать)	autorizar
38	**autobiography**	autobiographie	Selbstbiographie Autobiographie	avtobiografija (автобиография)	autobiografía
39	**autograph**	manuscrit autographique autographe	Autograph	avtograf (автограф) original rukopisi (оригинал рукописи)	manuscrito autográfico autógrafo
40	**back (spine)**	dos	Rücken	korešok (корешок)	lomo
41	**based/founded on the . . . (on the basis of . . .)**	fondé sur . . .	auf Grund des . . .	na osnovanii (на основании . . .)	sobre la base . . .

BULGARIAN Bulgarica	CROATIAN Croatica	CZECH Bohemica	DANISH Danica	DUTCH Hollandica	FINNISH Fennica
izkustvo (изкуство)	umjetnost	umění	kunst	kunst	taide
člen (член) statija (статия)	članak	článek pojednání	artikel	artikel	artikkeli kirjoitus
sâbranie (събрание) sbirka (сбирка)	sastanak zbor	shromáždění sjezd	forsamling møde	vergadering bijeenkomst	kokous
atlas (атлас)	atlas	atlas	atlas	atlas	atlas kartasto
avtentičen (автентичен) istinski (истински)	autentičan pravi	autentický ověřený	ægte autentisk stadfæstet	authentiek echt	autenttinen oikeaperäinen
avtor (автор)	autor	autor původce	forfatter	auteur schrijver	tekijä
personalna bibliografija (персонална библиография) biobibliografija (биобиблиография)	osobna bibliografija	personální bibliografie	personalbibliografi	personeele bibliografie	henkilöbibliografia
avtoriziram (авторизирам)	autorizirati ovlastiti	autorizovat oprávnit zmocnit	bemyndige berettige	machtigen	oikeuttaa valtuuttaa
avtobiografija (автобиография)	autobiografija	autobiografie	selvbiografi	autobiografie	omaelämäkerta autobiografia
avtograf (автограф)	izvorni rukopis	originál autograf	originalhåndskrift	autograaf	alkuperäinen käsikirjoitus
grâb na kniga (гръб на книга)	hrbat	hřbet knihy	ryg	rug	selkä
vâz osnova na (въз основа на . . .)	na osnovu . . . na temelju . . .	na podkladě . . .	på grundlag af . . .	op grond van . . .	perusteella pohjalla

	GREEK Graeca	HUNGARIAN Hungarica	ITALIAN Italica	LATIN Latina	NORWEGIAN Norvegica
30	techne *(τέχνη)*	művészet	arte	ars	kunst
31	arthron *(ἄρθρον)*	cikk(ely) dolgozat, cikk	articolo	articulus elucubratio	artikkel
32	syneleusis *(συνέλευσις)* symposion *(σημπόσιον)*	gyűlés	adunanza convegno	concilium conferentia congressus conventus	forsamling møte
33	atlas *(ἄτλας)*	atlasz térképgyűjtemény	atlante	atlas	atlas
34	authentikos *(αὐθεντικός)*	hiteles	autentico	authenticus verus	autentisk ekte
35	syngrapheus *(συγγραφεύς)*	szerző	autore	auctor conditor scriptor	forfatter
36	atomike bibliographia *(ἀτομική βιβλιογραφία)*	szerzői bibliográfia	bibliografia personale	bibliographia auctoris/individualis	personalbibliografi
37	epitrepo *(ἐπιτρέπω)* exusian parecho *(ἐξουσίαν παρέχω)*	jogosít	autorizzare	auctorisare	autorisere bemyndige berettige
38	autobiographia *(αὐτοβιογραφία)*	önéletrajz	autobiografia	autobiographia	selvbiografi
39	autographon *(αὐτόγραφον)* cheirographon *(χειρόγραφον)*	eredeti kézirat	autografo	autographum	originalhåndskript originalmanuskript
40	rahis *(ράχις)*	gerinc könyvgerinc	dorso	dorsum libri	rygg
41	(epi te) basei ... *(ἐπί τῇ βάσει ...)*	... alapján	in base a ...	in base ... ex...	på grunn av ...

POLISH Polonica	PORTUGUESE Portugallica	RUMANIAN Rumenica	SERBIAN Servica	SLOVAK Slovaca	SWEDISH Suecica
sztuka	arte	artă	umetnost (уметност)	umenie	konst
artyikuł	artigo	articol	članak (чланак)	článok	artikel
zebranie zgromadzenie	assembleia reunião	adunare întrunire	sastanak (састанак) zbor (збор)	zhromaždenie zjazd	församling möte sammankomst
atlas	atlas	atlas	atlas (атлас)	atlas	atlas kartbok
autentyczny	autêntico	autentic	autentičan (аутентичан) pravi (прави)	autentický hodnoverný	autentisk trovärdig
autor	autor	autor	autor (аутор)	autor	författare
bibliografia osobowa	bibliografia pessoal	bibliografie de autor	personalna bibliografija (персонална библиографија)	personálna bibliografia	personbibliografi biobibliografi
autoryzować upoważnić	autorizar	autoriza	autorizovati (ауторизовати) ovlastiti (овластити) odobriti (одобрити)	autorizovať oprávňovať splnomocniť	auktorisera
autobiografia	autobiografia	autobiografie	autobiografija (аутобиографија)	autobiografia vlastný životopis	självbiografi
autograf	autógrafo	autograf	originalni rukopis (оригинални рукопис)	autografický rukopis	autograf
grzbiet	lombada	dos	hrbat (хрбат)	chrbát knihy	rygg
na podstawie . . .	na/com base de . . .	bazat pe . . . pe/în baza . . . pe bază de . . .	na osnovu . . . (на основу . . .)	na základe . . . podľa . . .	på grund av . . .

	ENGLISH Anglica	FRENCH Gallica	GERMAN Germanica	RUSSIAN Russica	SPANISH Hispanica
42	**bibliography**	bibliographie	Bibliographie Literaturverzeichnis Bücherkunde	bibliografija (библиография)	bibliografia
43	**bibliology**	bibliologie	Buchwesen Buchkunde	knigovedenie (книговедение)	bibliologia
	big→large				
44	**bilingual**	bilingue	zweisprachig	dvujazyčnyj (двуязычный)	bilingüe
45	**bind**	relier	binden	perepletat' (переплетать)	encuadernar
46	**bindery**	atelier de reliure	Buchbinderei	pereplëtnaja (переплётная)	taller de encuadernador/ /encuadernación
47	**binding**	reliure	Einband	pereplët (переплёт)	encuadernación
	biobibliography →author bibliography				
48	**biography**	biographie	Biographie Lebensbeschreibung	biografija (биография) žizneopisanie (жизнеописание)	biografía
	body size →type size				
49	**book**	livre	Buch	kniga (книга)	libro
50	**booklet**	brochure	Heft Broschüre	brošjura (брошюра) tetrad' (тетрадь)	cuaderno
51	**bookshop**	librairie	Buchhandlung Buchladen	knižnyj magazin (книжный магазин)	librería
	bookstacks →stack-room				
	borough library →city library				

BULGARIAN Bulgarica	CROATIAN Croatica	CZECH Bohemica	DANISH Danica	DUTCH Hollandica	FINNISH Fennica
bibliografija (библиография)	bibliografija	bibliografie	bibliografi	bibliografie boekbeschrijving	bibliografia kirjatiede
knigoznanie (книгознание)	bibliologija	knihověda	bogkundskab	bibliologie	kirjatieto(us)
dvuezičen (двуезичен)	dvojezičan	dvoujazyčný	tosproget	tweetalig	kaksikielinen
podvârzvam (подвързвам)	uvezati ukoričiti	spojit vázat	binde indbinde	binden	sitoa
knigoveznica (книговезница)	knjigovežnica	knihařská dílna	bogbinderi	boekbinderij	kirjansitomo
podvârzija (подвързия)	uvez	vazba	inbinding	boekband	kirjansidos
biografija (биография) životopis (животопис)	biografija životopis	biografie	biografi levnedsbeskrivelse	biografie levensbeschrijving	elämäkerta
kniga (книга)	knjiga	kniha	bog	boek	kirja
brošura (брошура) knižka (книжка)	brošura sveska	brožura sešit	brochure hæfte	brochure heft	vihko
knižarnica (книжарница)	knjižara	knihkupectví	boghandel	boekhandel	kirjakauppa

	GREEK Graeca	HUNGARIAN Hungarica	ITALIAN Italica	LATIN Latina	NORWEGIAN Norvegica
42	bibliographia *(βιβλιογραφία)*	bibliográfia	bibliografia	bibliographia	bibliografi
43	bibliologia *(βιβλιολογία)*	könyvtudomány	bibliologia	bibliologia	bokkunskap
44	diglossos *(δίγλοσσος)*	kétnyelvű	bilingue	bilinguis	bilingval tospråklig
45	bibliodeto *(βιβλιοδετῶ)* deno *(δένω)*	köt	legare rilegare	alligare ligare	binde innbinde
46	bibliodeteion *(βιβλιοδετεῖον)*	könyvkötészet	legatoria	officina bibliopegi/ /glutinatoris	bokbinderi
47	bibliodesia *(βιβλιοδέσια)*	kötés bekötés	rilegatura	tegumentum/tegi- mentum libri	bind innbindning
48	biographia *(βιογραφία)*	életrajz	biografia	biographia	biografi
49	biblion *(βιβλίον)* biblos *(βίβλος)*	könyv	libro	liber libellus charta	bok
50	mprosura (μπροσούρα) phylladion *(φυλλάδιον)*	brosura füzet	quaderno	libellus plagulae iunctae	hefte
51	bibliopoleion *(βιβλιοπωλεῖον)*	könyvkereskedés könyvesbolt	libreria	taberna libraria	bokhandel

POLISH Polonica	PORTUGUESE Portugallica	RUMANIAN Rumenica	SERBIAN Servica	SLOVAK Slovaca	SWEDISH Suecica
bibliografia	bibliografia	bibliografie	bibliografija (библиографија)	bibliografia	bibliografi
nauka o książce	bibliologia	bibliologie	bibliologija (библиологија)	knihoveda	bokkunskap
dwujęzyczny	bilingue	bilingv	dvojezičan (двојезичан)	dvojjazyčný	tvåspråkig
wiązać	encadernar	lega	povezati (повезати) koričiti (коричити)	viazať	binda
introligatornia	encadernação	legătorie	knjigoveznica (књиговезница)	knihárska dielňa	bokbinderi
oprawa	encadernação	legătură	povez (повез)	väzba	band
biografia życiorys	biografia	biografie	biografija (биографија) životopis (животопис)	biografia životopis	biografi
książka księga	livro	carte	knjiga (књига)	kniha	bok
broszura zeszyt	brochura caderno	broşură cărţulie	brošura (брошура) sveska (свеска)	brožúra zošit	broschyr häfte
księgarnia	livraria	librărie	knjižara (књижара)	kníhkupectvo	bokhandel

	ENGLISH Anglica	FRENCH Gallica	GERMAN Germanica	RUSSIAN Russica	SPANISH Hispanica
52	**braille printing (writing for the blind)**	impression en braille	Blindenschrift	pis'mo/šrift dlja slepych (письмо/шрифт для слепых)	escritura Braille
53	**bridal song (nuptial song)**	chant nuptial	Hochzeitslied	svadebnaja pesnja (свадебная песня) èpitalama (эпиталама)	epitalamio
	broadside →flysheet				
54	**bulletin**	bulletin	Bulletin Bericht	bjulleten' (бюллетень)	boletín
55	**by**	par	von	—	por
	call number →location mark				
56	**card**	fiche	Zettel, Karte Katalogzettel Katalogkarte Karteizettel Karteikarte	kartočka (карточка)	ficha
	card catalogue →card index				
57	**card index (card catalogue)**	catalogue sur fiches	Kartei Zettelkatalog	kartočnyj katalog/ukazatel' (карточный каталог/указатель)	catálogo en fichas
58	**catalog(ue)** *n.*	catalogue	Katalog	katalog (каталог)	catálogo
59	**catalog(ue)** *v.*	cataloguer	katalogisieren verzetteln	katalogizirovat' (каталогизировать)	catalogar
60	**cataloging (cataloguing entry description)**	catalogage cataloguement	Titelaufnahme Katalogisierung	katalogizacija (каталогизация)	catalogación

BULGARIAN Bulgarica	CROATIAN Croatica	CZECH Bohemica	DANISH Danica	DUTCH Hollandica	FINNISH Fennica
brajlov šrift (брайлов шрифт)	Brailleovo pismo	slepecké písmo Braillovo	blindeskrift	blindenschrift braillenschrift	sokcainkirjoitus pistekirjoitus
svatbena pesen (сватбена песен)	svadbena pjesma	svatební píseň	bryllupsdigt	bruiloftsgedicht	häälaulu
bjuletin (бюлетин) izvestija (известия) *pl.*	bilten	věstník bulletin	beretning bulletin	bulletin	tiedotuslehti tiedonanto(lehti)
ot (от)	od	od	af	van	-n
kartička (картичка) fiš (фиш) kartonče (картонче) kataložno kartonče (каталожно картонче)	listić, kataloški listić knjižni listić	lístek záznam lístek katalogový	(katalog)kort (katalog)seddel	cataloguskaart	kortti luettelokortti
fišov katalog (фишов каталог)	katalog na listićima	lístkový katalog	seddelkatalog	cartotheek kaartcatalogus	kortisto
katalog (каталог)	katalog	katalog	katalog	catalogus	lista luettelo
katalogiziram (каталогизирам)	katalogizirati	katalogizovat	katalogisere	catalogiseren	luetteloida
katalogizacija (каталогизация) opisanie na knigi (описание на книги)	katalogizacija	jmenná katalogizace	katalogisering	catalogisering titelbeschrijving	luettelointi

	GREEK Graeca	HUNGARIAN Hungarica	ITALIAN Italica	LATIN Latina	NORWEGIAN Norvegica
52	graphe Braille *(γραφή* Braille)	vakírás Braille-írás	scrittura Braille stampa sistema Braille	scriptura Braille (pro caecis)	blindeskrift
53	epithalamion *(ἐπιθαλάμιον)* gamelia *(γαμελία)*	nászdal	epitalamio	carmen nuptiale epithalamium	bryllupsdikt
54	deltion *(δελτίον)*	bulletin, értesítő, közlöny, jelentés	bollettino	acta	bulletin beretning
55	hypo *(ὑπό)*	-tól,-től	da, di per	a, ab	av
56	deltion *(δελτίον)*	cédula, kártya katalóguscédula katalóguskártya	scheda	charta scida charta/scida catalogi	katalogkort katalogseddel
57	deltiokatalogos *(δελτιοκατάλογος)*	cédulakatalógus	catalogo a schede schedario	chartoteca	seddelkatalog
58	katalogos *(κατάλογος)*	katalógus	catalogo	catalogus	katalog
59	syntasso katalogon *(συντάσσω κατάλογον)* katagrapho *(καταγράφω)*	katalogizál	catalogare	in indicem referre catalogisare	katalogisere
60	katalogographesis *(καταλογογράφησις)*	címleírás	catalogazione	ars catalogisandi catalogisatio	katalogisering

POLISH Polonica	PORTUGUESE Portugallica	RUMANIAN Rumenica	SERBIAN Servica	SLOVAK Slovaca	SWEDISH Suecica
pismo dla niewidomych pismo brajlowskie	escrita braille	scriere braille/oarbă alfabetul orbilor	Brajevo pismo (Брајево писмо)	slepecké písmo	blindskrift
epitalamium pieśń weselna	epitalámio	epitalam	svadbena pesma (свадбена песма)	svadobná pieseň	bröllopskväde
biuletyn	boletim	buletin	bilten (билтен)	vestník bulletin	rapport meddelande bulletin
od	de por	de	od (од)	od	av
karta	ficha	fişă de catalog fişă	kataloški listić (каталошки листић)	lístok lístok katalógový	kort
katalog kartkowy	catálogo em ficha	catalog de fişă	katalog na listićima (каталог на листићима)	lístkový katalóg	kortkatalog
katalog	catálogo	catalog	katalog (каталог)	katalóg	bokförteckning katalog bulletin
katalogować	catalogar	cataloga	katalogizovati (каталогизовати)	katalogizovať	katalogisera
katalogowanie	catalogação	catalogare catalogizaţie	katalogizacija (каталогизација)	katalogizačný záznam	katalogisering

	ENGLISH Anglica	FRENCH Gallica	GERMAN Germanica	RUSSIAN Russica	SPANISH Hispanica
61	**ceased publication (publication discontinued)**	publication qui a cessé de paraître	erscheint nicht mehr eingegangen	prekrativšeesja izdanie (прекратившееся издание) izdanie prekratilos' (издание прекратилось)	no se publicó más
62	**century**	siècle	Jahrhundert	stoletie (столетие) vek (век)	siglo
	chairman →president				
63	**change[1] (alter)**	changer modifier	ändern verändern	izmenjat' (изменять) vidoizmenjat' (видоизменять)	cambiar mudar alterar
64	**change[2] (be changed/altered)**	changer	sich (ver)ändern	izmenjat'sja (изменяться)	cambiar mudar
65	**chapter**	chapitre	Kapitel	glava (глава)	capítulo
66	**chief (main principal)**	chef général premier principal	Haupt- Ober-, ober-	glavnyj (главный) osnovnoj (основной)	general principal en jefe
67	**children's book (juvenile book)**	livre pour enfants	Kinderbuch	detskaja kniga (детская книга) kniga dlja detej (книга для детей)	libro infantil
	choose →select				
	chrestomathy →selection				
	circulation →lending				
68	**city library (borough/municipal library)**	bibliothèque municipale	Stadtbücherei Stadtbibliothek städtische Bibliothek	gorodskaja biblioteka (городская библиотека)	biblioteca municipal

BULGARIAN Bulgarica	CROATIAN Croatica	CZECH Bohemica	DANISH Danica	DUTCH Hollandica	FINNISH Fennica
spreli izdanija (спрели издания)	(publikacija) dalje ne izlazi publikacija koja je prestala izlaziti	vydání zastaveno	ophørt at udkomme gået ind	gestaakte uitgave	(ilmestymästä) lakannut julkaisu
stoletie (столетие) vek. (век)	stoljeće vijek	století	århundrede	eeuw	vuosisata
smenjam (сменям) promenjam (променям)	mijenjati	měnit pozměnit přizpůsobit	forandre omdanne	veranderen wijzigen	muuntaa
menja se (меня се) promenjam se (променям се)	mijenjati se	změnit se	forandre sig	veranderen wijzigen zich	muuntua muuttua
glava (глава)	poglavlje zaglavlje	kapitola hlava	afsnit kapitel	hoofdstuk kapittel	kappale
glaven (главен)	glavni	hlavní vedoucí	chef hoved	hoofd	pää- yli-
detska kniga (детска книга)	knjiga za decu	dětská kniha	børnebog	kinderboek	lastenkirja
gradska biblioteka (градска библиотека)	gradska knjižnica	městská knihovna	stadsbibliotek	gemeentebiblio-theek stadsbibliotheek	kaupungin-kirjasto

	GREEK Graeca	HUNGARIAN Hungarica	ITALIAN Italica	LATIN Latina	NORWEGIAN Norvegica
61	diekopse ekdosin (διέκοψε ἔκδοσιν)	megszűnt félbemaradt	pubblicazione cessata spento (relativo a periodici)	publicatio cessata	opphørt å utkomme gått inn
62	hekatontaeteris (ἑκατονταετηρίς)	évszázad század	secolo	saeculum	århundre
63	metaballo (μεταβάλλω) metapoieo (μεταποιέω)	változtat	cambiare mutare variare modificare	mutare variare	forandre modifisere omdanne omforme
64	metaballomai (μεταβάλλομαι)	változik	cambiarsi mutarsi modificarsi	mutari variari modificari	forandre seg
65	kephalaion (κεφάλαιον)	fejezet	capitolo	caput capitulum	avsnitt kapittel
66	archi- (ἀρχι-) kyrios (κύριος)	fő-	primo primario capo-	primus princeps	hoved sjef
67	paidikon biblion (παιδικόν βιβλίον)	gyermekkönyv	libro per bambini	liber puerilis	barnebok
68	demotike biblitheke (δημοτική βιβλιοθήκη)	városi könyvtár	biblioteca comunale	bibliotheca municipalis	bybibliotek

POLISH Polonica	PORTUGUESE Portugallica	RUMANIAN Rumenica	SERBIAN Servica	SLOVAK Slovaca	SWEDISH Suecica
wydawnictwo zawieszone	publicação finda	încetat	prestalo da izlazi (престало да излази)	už nevyjde vydávanie sa skončilo	upphört att utkomma
stulecie wiek	século	secol veac	stoleće (столеће) vek (век)	storočie	århundrade sekel
zmieniać	alterar modificar mudar variar	modifica schimba	menjati (мењати)	meniť premeniť zmeniť	förändra modifiera
zmieniać się	trocar	schimba, se modifica, se	menjati se (мењати се)	(z)meniť sa	ändra sig förändra sig
rozdział	capítulo	capitol cap	poglavlje (поглавље) zaglavlje (заглавље)	kapitola	avdelning avsnitt kapitel
główny	principal superior	principal general -şef	glavni (главни)	hlavný	över- huvud-
książka dla dzieci	livro para crianças	carte pentru copii	knjiga za decu (књига за децу)	detská kniha	barnbok
biblioteka miejska	biblioteca municipal	bibliotecă municipală	gradska biblioteka (градска библиотека)	mestská knižnica	stadsbibliotek

	ENGLISH Anglica	FRENCH Gallica	GERMAN Germanica	RUSSIAN Russica	SPANISH Hispanica
69	**classification (classifying)**	classification	Klassifikation	klassifikacija (классификация)	clasificación
70	**clause**	note finale clause	Klausel	zaključenie (заключение) klauzula (клаузула)	cláusula
71	**codex**	codex	Kodex	kodeks (кодекс)	códice
72	**collaborate (cooperate assist)**	collaborer coopérer concourir	mitarbeiten mitwirken zusammenarbeiten	sotrudničat' (сотрудничать)	colaborar cooperar
73	**collaborator**	collaborateur	Mitarbeiter	sotrudnik (сотрудник)	colaborador cooperador
74	**collect (gather)**	(r)assembler collecter recueillir	sammeln	sobirat' (собирать)	colegir recoger compilar
	collected works →complete works				
75	**collection**	collection recueil	Sammlung	sbornik (сборник) sobranie (собрание)	colección
76	**collotype (phototype)**	phototypie	Lichtdruck	fototipija (фототипия)	fototipia
77	**column**	colonne	Kolumne Spalte	kolonka (колонка) stolbec (столбец) grafa (графа)	columna
78	**comedy**	comédie	Komödie Lustspiel	komedija (комедия)	comedia
	come out →*be* published				
79	**comic (news)paper (humorous news-paper)**	journal humoristique	Witzblatt	jumorističeskaja gazeta (юмористическая газета)	tebeo

BULGARIAN Bulgarica	CROATIAN Croatica	CZECH Bohemica	DANISH Danica	DUTCH Hollandica	FINNISH Fennica
klasifikacija (класификация)	klasifikacija stručni raspored	klasifikace	systematisk ordning	classificering rubricering	luokitus
klauza (клауза)	klauzula	doložka klauzula	klausul	clausule	klausuuli lisäpykälä
kodeks (кодекс)	kodeks	kodex	kodeks	codex	käsikirjoitus
sâtrudniča (сътруднича)	surađivati	spolupracovat spolupůsobit	medvirke	medewerken samenwerken	avustaa yhdessä
sâtrudnik (сътрудник)	suradnik	spolupracovník	medarbejder	medewerker	avustaja
sâbiram (събирам)	skupljati sabirati	sebrat shromáždit	samle	verzamelen	kerätä koota
sbornik (сборник) sbirka (сбирка)	zbirka zbornik	sborník sbírka	indsamling samling	collectie verzameling	kokoelma
fototipija (фототипия)	fototipija svjetlotisak	světlotisk	lystryk	lichtdruk	valopainate
kolona (колона)	stupac	sloupec	spalte	kolom	palsta
komedija (комедия)	komedija	komedie veselohra	komedie lystspil	blijspel	huvinäytelmä komedia
vestnik za humor i satira (вестник за хумор и сатира) humorističen vestnik (хумористичен вестник)	šaljivi list humoristični list	humoristický časopis	vittighedsblad	humoristisch blad	pilalehti

	GREEK Graeca	HUNGARIAN Hungarica	ITALIAN Italica	LATIN Latina	NORWEGIAN Norvegica
69	systematike taxino-mesis *(συστηματική ταξινόμησις)*	osztályozás	classificazione	classificatio	klassifisering systematisering
70	retra *(ῥήτρα)*	záradék	clausola	clausula conclusio	klausul
71	kodix *(κώδιξ)*	kódex	codice	codex	kodeks
72	synergazomai *(συνεργάζομαι)*	közreműködik	collaborare cooperare	collaborare assistere cooperari	medarbeide medvirke
73	synergates *(συνεργάτης)*	munkatárs	collaboratore	adiuvans assistens collaborator	medarbeider
74	syllego *(συλλέγω)*	gyűjt összegyűjt	raccogliere	colligere contribuere	samle in samle sammen
75	sylloge *(συλλογή)* analekta *(ἀναλέκτα)*	gyűjtemény	collezione raccolta	collectio thesaurus	samling
76	phototypia *(φωτοτυπία)*	fénynyomat	fototipia	phototypia	lystrykk
77	stele *(στήλη)*	hasáb	colonna	columna	spalte
78	komodia *(κωμῳδία)*	vígjáték	commedia	comœdia	komedie lystspill
79	satirikon periodikon *(σατιρικόν περιοδικόν)*	vicclap humorisztikus lap	giornale umoristico	periodica iocosa	vittighetsblad

POLISH Polonica	PORTUGUESE Portugallica	RUMANIAN Rumenica	SERBIAN Servica	SLOVAK Slovaca	SWEDISH Suecica
układ systematyczny	classificação	clasificaţie	klasifikacija (класификација)	systematické radenie	klassifikation
klauzula zastrzeżenie	cláusula	clauză	završetak (завршетак) klauzula (клаузула)	doložka klauzula	klausul
kodeks	códice	codice cod(ex)	kodeks (кодекс)	kódex	kodex
współpracować	colaborar	colabora	sarađivati (сарађивати)	spolupracovať	medarbeta medverka samarbeta
współpracownik	colaborador	colaborator	saradnik (сарадник)	spolupracovník	medarbetare
zbierać	coleccionar coligir	culege	skupljati (скупљати) sabirati (сабирати)	pozbierať zhromaždiť	samla
zbiór kolekcja	colecção	colecţie	zbirka (збирка) zbornik (зборник)	zbierka	samling
fototypia	fototipia	fototipie	fototipija (фототипија)	svetlotlač	ljustryck
szpalta	coluna	coloană	kolona (колона)	stĺpec	spalt
komedia	comédia	comedie	komedija (комедија)	komédia česelohra	komedi lustspel
czasopismo humorystyczne	jornal humorístico	revistă umoristică	humorističke novine (хумористичке новине) *pl.*	humoristický časopis	serietidning

	ENGLISH Anglica	FRENCH Gallica	GERMAN Germanica	RUSSIAN Russica	SPANISH Hispanica
80	**comic strip (strip cartoon)**	bande dessinée	Comic strip Comics	komiks (комикс)	historieta
81	**comment**[1] *v.*	commenter	erläutern	kommentirovat' (комментировать) tolkovat' (толковать)	comentar
	comment[2] *n.* **→commentary, note**[1]				
82	**commentary (comment**[2]**)**	commentaire	Kommentar Erläuterung	kommentarij (комментарий) tolkovanie (толкование)	comentario
	commission **→committee**				
83	**committee (commission)**	comité commission	Komitee Kommission Ausschuß	komitet (комитет) komissija (комиссия)	comité comisión
84	**compile**	composer compiler	zusammenstellen	sostavljat' (составлять) kompilirovat' (компилировать)	compilar recopilar
85	**complete** *a.* **(full, entire, whole)**	complet entier	sämtlich voll(ständig)	komplektnyj (комлектный) polnyj (полный)	completo entero
86	**complete** *v.* **(supplement)**	compléter suppléer	ergänzen	dopolnjat' (дополнять) dobavljat' (добавлять)	completar
87	**complete works** *pl.* **(collected works** *pl.***)**	œuvres complètes *pl.*	sämtliche Werke *pl.* gesammelte Werke *pl.* Gesamtausgabe	polnoe sobranie sočinenij (полное собрание сочинений)	obras completas *pl.*
	conclusion **→epilogue**				

BULGARIAN Bulgarica	CROATIAN Croatica	CZECH Bohemica	DANISH Danica	DUTCH Hollandica	FINNISH Fennica
komiks (комикс)	šaljivi/humoristični strip	comics	tegneserie	illustratie serie beeldverhaal	sarjakuva
komentiram (коментирам) razjasnjavam (разяснявам) tâlkuvam (тълкувам)	komentirati	komentovat	kommentere	ophelderen uitleggen	selittää
komentar (коментар) tâlkuvane (тълкуване)	objašnjenje komentar	komentář výklad	bemærkning kommentar	commentaar	selitys
komitet (комитет) komisija (комисия)	komisija odbor	výbor	komité kommission	comité commissie	komitea toimikunta
sâstavjam (съставям)	sastaviti složiti	sestavit kompilovat	konstruere	samenstellen	laatia panna kokoon
komplekten (комплектен) pâlen (пълен) cjal (цял)	čitav potpun	celek celý úplný	fuldstændig komplet	compleet volledig	koko(nainen)
dopâlnjam (допълням) komplektuvam (комплектувам)	dopuniti popuniti	doplnit	fuldstændiggøre komplettere	aanvullen voltooien	täydentää
pâlno izdanie (пълно издание) pâlno sâbranie na sâčinenijata (пълно събрание на съчиненията)	cjelokupna djela *pl.*	sebrané spisy *pl.* sebraná díla *pl.*	samlede værker *pl.*	volledige werken *pl.*	kootut teokset

	GREEK Graeca	HUNGARIAN Hungarica	ITALIAN Italica	LATIN Latina	NORWEGIAN Norvegica
80	eikonographemenon mythistorema (εἰκονογραφημένον μυθιστόρημα)	képszalagos folytatásos kalandos regény „strip"	„comic strip" striscia di fumetti	series illustrationum delectantium in diurnis	tegneserie
81	scholiazo (σχολιάζω) hermeneuo (ἑρμηνεύω) exego (ἐξηγῶ)	kommentál magyaráz	commentare spiegare	commentare	kommentere
82	scholion (σχόλιον) hermeneia (ἑρμηνεία) exegesis (ἐξήγησις)	magyarázat	commentario illustrazione spiegazione	commentarium explicatio explanatio illustratio interpretatio	kommentar bemerkning
83	epitrope (ἐπιτροπή)	bizottság	comitato commissione	comitatus	komité kommisjon
84	syntasso (συντάσσω)	összeállít	comporre compilare	construere componere compilare	sammenstille kompilere
85	pleres (πλήρης) holos (ὅλος)	teljes összes minden	tutto intero completo	omnis cunctus totus	komplett
86	symplerono (συμπληρώνω)	kiegészít	completare	supplere complere	fullstendiggjøre komplettere supplere
87	pleres sylloge ton syngrammaton (πλήρης συλλογή τῶν συγγραμμάτων) hapanta (ἅπαντα) *pl.*	összes/összegyűjtött művek *pl.*	opere complete *pl.*	opera omnia *pl.*	samlede verker *pl.*

POLISH Polonica	PORTUGUESE Portugallica	RUMANIAN Rumenica	SERBIAN Servica	SLOVAK Slovaca	SWEDISH Suecica
historyjka obrazkowa komiks	banda desenhada	„comic strip"	strip (стрип)	comics	tecknad film
komentować	comentar	comenta	komentarisati (коментарисати)	komentovať	kommentera
objaśnienie wyjaśnienie komentarz interpretacja	comentário explicação	interpretare comentariu lămurire	objašnjenje (објашњење) komentar (коментар)	komentár výklad	kommentar
komitet komisja	comissão	comitet comisie	komisija (комисија) odbor (одбор)	výbor	kommission kommitté
zebrać zestawiaĉ kompilować	compilar	întocmi alcătui	sastaviti (саставити) složiti (сложити)	zostaviť zložiť kompilovať	sammanställa
kompletny wszystek	completo todo tudo	tot complet	čitav (читав) potpun (потпун)	celý všetok úplný	samtlig all komplett
dopełniać uzupełniać	completar	întregi completa	dopuniti (допунити) popuniti (попунити)	doplniť kompletovať	komplettera
wydanie kompletne	edição completa obras completas	opere complete *pl.* ediţie completă	celokupna dela (целокупна дела) *pl.*	zobrané spisy/diela *pl.*	fullständig upplaga

	ENGLISH Anglica	FRENCH Gallica	GERMAN Germanica	RUSSIAN Russica	SPANISH Hispanica
88	**conference**	conférence	Konferenz	konferencija (конференция) soveščanie (совещание)	conferencia
89	**congress**	congrès	Kongreß	s''jezd (съезд) kongress (конгресс)	congreso
90	**contain**	contenir comprendre	enthalten	soderžat' (содержать)	contener comprender
91	**contents** *pl.* **(argument)**	contenu sommaire	Inhalt	soderžanie (содержание)	contenido
92	**continue**	continuer	fortsetzen	prodolžat' (продолжать)	continuar
93	**contribution (data** *pl.***)**	contribution	Beitrag	dannye (данные) *pl.*	contribución adición
	controversial pamphlet →polemic				
	cooperate →collaborate				
94	**copperplate**	chalcotypie impression en taille-douce	Kupferdruck	ofort (офорт) glubokaja pečat' s mednych form (глубокая печать с медных форм)	calcotipia
95	**copperplate engraving**	taille-douce gravure en taille-douce	Kupferstich	gravjura na medi (гравюра на меди) ėstamp (эстамп)	grabado en cobre estampa
	copperplate printing →copperplate				
96	**copy**[1] **(transcript)**	copie	Kopie Abschrift	kopija (копия)	copia duplicado
97	**copy**[2] **(exemplar, number**[2]**)**	exemplaire	Exemplar	ėkzempljar (экземпляр)	ejemplar

BULGARIAN Bulgarica	CROATIAN Croatica	CZECH Bohemica	DANISH Danica	DUTCH Hollandica	FINNISH Fennica
konferencija (конференция) sâveštanie (съвещание)	konferencija	konference	konference	conferentie	kokous
kongres (конгрес)	kongres	sjezd kongres	kongres	congres	kongressi
sâdâržam (съдържам)	sadržavati	obsahovat	indeholde	bevatten inhouden	sisältää
sâdâržanie (съдържание)	sadržaj	obsah	indhold	inhoud	sisällys sisältö
prodâlžavam (продължавам)	nastavljati	pokračovat	forsætte	voortzetten	jatkaa
prinos (принос)	prinos podaci *pl.*	příspěvek	bidrag	bijdrage	liite lisä(tieto)
halkografija (халкография) medna gravjura (медна гравюра)	bakrotisak	lept	kobbertryk	kopergravure	kuparipaino
rezba vârhu med (резба върху мед)	bakrorez	mědirytina	kobberstik	kopergravure	kuparipiirros vaskipiirros
prepis (препис)	kopija	kopie opis	kopi	afschrift kopie	kopio jäljennös
ekzempljar (екземпляр) brojka (бройка)	primjerak egzemplar	exemplář výtisk	eksemplar	exemplaar	kappale eksemplaari

	GREEK Graeca	HUNGARIAN Hungarica	ITALIAN Italica	LATIN Latina	NORWEGIAN Norvegica
88	syndiaskepsis *(συνδιάσκεψις)*	értekezlet konferencia	conferenza	conferentia	konferanse
89	synedrion *(συνέδριον)* kongresson *(κογγρέσσον)*	kongresszus	congresso	congressus	kongress
90	periecho *(περιέχω)*	tartalmaz	contenere	continere	inneholde
91	periechomenon *(περιεχόμενον)*	tartalom	contenuto	argumentum summa	innhold
92	synechizo *(συνεχίζω)*	folytat	continuare	continuare	fortsette
93	symbole *(συμβολή)*	adalék	contributo	contributum additamentum addenda	bidrag
94	chalkographema *(χαλκογράφημα)*	réznyomat réznyomtatás	stampa in rame	imago per aëneam laminam expressa	kobberstikk
95	chalkotechnia *(χαλκοτεχνία)* chalkographia *(χαλκογραφία)*	rézmetszet rézmetszés réznyomás	incisione in rame	chalcographia imago in aere incisa	kobberstikk
96	antigraphon *(ἀντίγραφον)*	másolat átírás	copia duplicato	apographum duplicatum	avskrift kopi
97	antitypon *(ἀντίτυπον)*	példány	esemplare copia	exemplar exemplum	eksemplar

POLISH Polonica	PORTUGUESE Portugallica	RUMANIAN Rumenica	SERBIAN Servica	SLOVAK Slovaca	SWEDISH Suecica
konferencja narada	conferência	consfătuire conferinţă	konferencija (конференција)	konferencia porada	konferens sammanträde
zjazd kongres	congresso	congres	kongres (конгрес)	zjazd kongres	kongress
obejmować zawierać	compreender conter	conţine cuprinde	sadržavati (садржавати)	obsahovať	innehålla
treść zawartość	contenudo	conţinut cuprins	sadržaj (садржај)	obsah	innehåll
kontynuować	continuar	continua	nastavljati (настављати)	pokračovať	fortsätta
przyczynek	contribuição artigo	contribuţie	prinos (принос) podaci (подаци) *pl.*	príspevok	bidrag
miedzioryt	gravura em cobre	gravură pe cupru calcotipie stampă	bakrotisak (бакротисак)	meditlač	koppartryck
miedzioryt rycina	gravura em talhe doce	gravură stampă	bakrorez (бакрорез)	medirytina	kopparstick
kopia odpis	cópia	copie duplicat	kopija (копија)	kópia odpis	avskrift kopia
egzemplarz	exemplar	exemplar	primerak (примерак) egzemplar (егземплар)	exemplár výtlačok	exemplar

	ENGLISH Anglica	FRENCH Gallica	GERMAN Germanica	RUSSIAN Russica	SPANISH Hispanica
98	**copyright**	droit d'auteur	Urheberrecht	avtorskoe pravo (авторское право)	derecho de autor
99	**copyright deposit**	dépôt légal	gesetzliche Pflichtablieferung Ablieferungspflicht	predostavlenie objazatel̓nogo ėkzempljara (предоставление обязательного экземпляра)	depósito legal
100	**corporate author**	collectivité-auteur collectivité d'auteurs	korporativer/ körperschaftlicher Verfasser Kollektivverfasser	kollektivnyj avtor (коллективный автор) kollektiv avtorov (коллектив авторов)	autor corporativo
101	**correct**	corriger améliorer	verbessern	ispravljat̓ (исправлять) korrektirovat̓ (корректировать)	corregir rectificar enmendar
102	**correction (proof)**	correction	Korrektur	korrektura (корректура)	corrección
103	**correspondence**	correspondance	Briefwechsel	korrespondencija (корреспонденция) perepiska (переписка)	correspondencia
	criticism →**critique**				
104	**critique (criticism)**	critique	Kritik	kritika (критика)	crítica
105	**criticize**	critiquer	besprechen rezensieren	kritikovat̓ (критиковать)	criticar
	cross-reference card →**reference card**				
	cut →**engraving**				
	cyclopaedia →**encyclopaedia**				
	data *pl.* →**contribution**				

BULGARIAN Bulgarica	CROATIAN Croatica	CZECH Bohemica	DANISH Danica	DUTCH Hollandica	FINNISH Fennica
avtorsko pravo (авторско право)	autorsko pravo	autorské právo	ophavsret	auteursrecht	tekijänoikeus
zadâlžitelno depozirane (задължително депозиране)	obveza dostave tiskanih stvari	povinná dodávka	pligtaflevering	wettelijk depot	lakimääräiset vapaakappale-luovutukset
kolektiven avtor (колективен автор) avtorski kolektiv (авторски колектив)	kolektivni autor	korporativní autor	korporativ forfatter	corporatieve auteur	ryhmätekijä
popravjam (поправям)	popraviti ispraviti	opravit opravovat	forbedre	verbeteren	korjata oikaista
popravka (поправка) korekcija (корекция)	korektura ispravka	opravy korektura	korrektur	correctie verbetering	korjaus oikaisu korrehtuuri
korespondencija (кореспонденция) prepiska (преписка)	dopisivanje	dopisování korespondence	brevveksling korrespondance	briefwisseling correspondentie	kirjeenvaihto
kritika (критика) otziv (отзив)	kritika	kritika	kritik	kritiek	arvostelu
kritikuvam (критикувам) razgleždam (разглеждам)	ocjenjivati kritizirati	kritizovat posuzovat	kritisere	critiseren	arvostella

	GREEK Graeca	HUNGARIAN Hungarica	ITALIAN Italica	LATIN Latina	NORWEGIAN Norvegica
98	syngraphikon dikaioma (συγγραφικόν δικαίωμα)	szerzői jog	diritto d'autore	ius auctoris	forfatterrett
99	kata nomon prosphora (κατά νόμον προσφορά)	kötelespéldány beszolgáltatása	deposito legale	officium tradendi exemplaris obligati	avleveringsplikt
100	syllogike ekdosis (συλλογική ἔκδοσις)	testületi szerző szerzői munkaközösség	opera di ente collettivo ente collettivo	auctor corporativus	korporativ forfatter
101	diorthono (διορθώνω)	javít	correggere emendare	corrigere emendare	forbedre
102	diorthose (διόρθωση)	javítás	correzione	correctio	korrektur
103	allelographia (ἀλληλογραφία) grammata (γράμματα) *pl.*	levelezés levélváltás	corrispondenza carteggio	correspondentia epistularum commercium	brevveksling korrespondanse
104	kritike (κριτική)	bírálat kritika	critica recensione	recensio	kritikk
105	epikrino (ἐπικρίνω)	bírál	criticare	recensere	kritisere

POLISH Polonica	PORTUGUESE Portugallica	RUMANIAN Rumenica	SERBIAN Servica	SLOVAK Slovaca	SWEDISH Suecica
prawo autorskie	direitos de autor propriedade intelectual	drept de autor	autorsko pravo (ауторско право)	autorské právo	författarrätt
prawo egzemplarza obowiązkowego	depósito legal	obligaţiune de predare	predaja obaveznog primerka (предаја обавезног примерка)	povinnosť odovzdania povinného výtlačku	leverans av pliktexemplar
autor korporatywny	colectividade-autor	autor corporativ	kolektivni autor (колективни аутор)	korporatívny autor	korporativ författare
poprawiać	corrigir emendar	corecta îndrepta	ispraviti (исправити) popraviti (поправити)	opraviť	förbättra
poprawka korekta	correcção emenda	corectură îndreptare	korektura (коректура) ispravka (исправка)	oprava korektúra	korrigering korrektur
korespondencja	correspondência	corespondenţă	korespondencija (кореспонденција) prepiska (преписка)	korešpondencia	brevväxling korrespondens
krytyka recenzja	crítica	critică	kritika (критика)	kritika	kritik
krytykować recenzować	criticar	critica recenza	ocenjivati (оцењивати) kritikovati (критиковати)	posudzovať recenzovať	bedöma kritisera

	ANGLICA Anglica	FRENCH Gallica	GERMAN Germanica	RUSSIAN Russica	SPANISH Hispanica
106	**date of printing**	date d'impression	Druckjahr	god pečatanija (год печатания)	fecha de impresión
107	**decimal classification**	classification décimale	Dezimalklassifikation	desjatičnaja klassifikacija (десятичная классификация)	clasificación decimal
	decree →order				
108	**dedicated**	dédié dédicacé	gewidmet	posvjaščënnyj (посвящённый)	dedicado
109	**dedication (inscription)**	dédicace envoi d'auteur	Widmung	posvjaščenie (посвящение)	dedicación dedicatoria
110	**defective**	défectueux	defekt	defektnyj (дефектный)	defectuoso
111	**defend**	défendre	verteidigen	zaščiščať (защищать)	defender
112	**deposit copy**	exemplaire du dépôt légal	Freiexemplar Pflichtexemplar	objazateľnyj ėkzempljar (обязательный экземпляр)	ejemplar de depósito legal
	description →catalog(u)ing				
113	**desiderata** *pl*	desiderata *pl.*	Desiderat(um)	dezideraty (дезидераты) *pl.*	desiderata *pl.*
114	**dialog(ue)**	dialogue	Dialog	dialog (диалог)	diálogo
115	**diary (journal)**	journal	Tagebuch	dnevnik (дневник) žurnal (журнал)	diario
116	**dictionary (lexicon)**	dictionnaire vocabulaire	Wörterbuch	slovar' (словарь)	diccionario vocabulario

BULGARIAN Bulgarica	CROATIAN Croatica	CZECH Bohemica	DANISH Danica	DUTCH Hollandica	FINNISH Fennica
data na otpečatvaneto (дата на отпечатването)	godina tiska	vročení	trykår	drukjaar	painovuosi
desetična klasifikacija (десетична класификация)	decimalna klasifikacija	desetinné třídění	decimalklassifikation	decimale classificatie	kymmenluokitus
posveten (посветен)	posvećen	věnovaný	dediceret	opgedragen	omistettu
posveštenie (посвещение)	posveta	věnování	dedikation tilegnelse	opdracht	omistus omistuskirjoitus
defekten (дефектен)	defektan	defektní vadný	ufuldstændig ukomplet	incompleet onvolledig	epätäydellinen puutteellinen
zaštištavam (защищавам)	štititi zaštititi	obhájit	forsvare	verdedigen	puolustaa
zadâlžitelen depoziten ekzempljar (задължителен депозитен екземпляр)	obvezan primjerak	povinný výtisk	pligtafleveringseksemplar	wettelijk verplicht exemplaar presentexemplaar	vapaakappale
deziderata (дезидерата)	deziderat	desiderata	desiderata	desiderata wensen	puuttuva teos
dialog (диалог)	dijalog razgovor	dialog rozmluva rozprava	dialog	dialoog samenspraak	dialogi vuoropuhelu
dnevnik (дневник)	dnevnik	deník	dagbog	dagboek	päiväkirja
rečnik (речник)	rječnik	slovník	ordbog	woordenboek	sanakirja

	GREEK Graeca	HUNGARIAN Hungarica	ITALIAN Italica	LATIN Latina	NORWEGIAN Norvegica
106	chronologia ektyposeos (χρονολογία ἐκτυπώσεως)	a kiadvány keltezése/ kelte kiadás éve	anno di stampa	annus imprimendi/ /impressionis	trykkår
107	dekadike taxinomesis (δεκαδική ταξινόμησις)	tizedes osztályozás	classificazione decimale	classificatio decimalis	desimalklassifikasjon
108	aphieromenos (ἀφιερωμένος)	ajánlással dedikálva	dedicato	dedicatus	dedisert
109	aphieroma (ἀφιέρωμα) aphierosis (ἀφιέρωσις)	ajánlás	dedica dedicazione	commendatio dedicatio	dedikasjon tilegnelse
110	elattomatikos (ἐλαττωματικός)	hibás	difettoso	defectus	defekt
111	hyperaspizo (ὑπερασπίζω)	megvéd	difendere	defendere	forsvare
112	antitypon tes kata nomon prosphoras (ἀντίτυπον τῆς κατά νόμον προσφορᾶς)	kötelespéldány	esemplare d'obbligo	exemplar obligatum	pliktavleverings-eksemplar
113	desiderata (δεσιδεράτα)	desideratum	desiderata	desideratum	desiderata *pl.*
114	dialogos (διάλογος)	párbeszéd	dialogo	colloquium dialogus sermo	dialog samtale
115	hemerologion (ἡμερολόγιον)	napló	diario giornale	commentarii diurni diarium	dagbok
116	lexikon (λεξικόν)	szótár	dizionario vocabolario	lexicon dictionarium thesaurus verborum vocabularium	ordbok

POLISH Polonica	PORTUGUESE Portugallica	RUMANIAN Rumenica	SERBIAN Servica	SLOVAK Slovaca	SWEDISH Suecica
data druku	data de impressão	dată de tipar	godina štampanja (година штампања)	rok tlače	tryckår
klasyfikacja dziesiętna	classificação decimal	clasificaţie decimală	decimalna klasifikacija (децимална класификација)	desatinné triedenie	decimalklassifikation
dedykowany	dedicado	dedicat	posvećen (посвећен)	venovaný	dedicerad
poświęcenie dedykacja	dedicatória	dedicaţie	posveta (посвета)	venovanie	dedikation
zdefektowany	defeituoso	defect defectat	defektan (дефектан)	defektný chybný	defekt
bronić	defender	apăra	štititi (штитити) zaštititi (заштитити)	obhájiť	försvara
egzemplarz obowiązkowy	exemplar de depósito legal	exemplar de obligaţie	obavezan primerak (обавезан примерак)	povinný výtlačok	pliktexemplar arkivexemplar
dezyderat	desiderata *pl.*	deziderat	deziderat (дезидерат)	deziderátum	desiderata
dialog	diálogo	dialog	dijalog (дијалог) razgovor (разговор)	dialóg	dialog samtal
diariusz dziennik	jornal	jurnal	dnevnik (дневник)	denník	dagbok
słownik dykcjonarz	dicionário vocabulário	dicţionar vocabular	rečnik (речник)	slovník	ordbok lexikon

	ENGLISH Anglica	FRENCH Gallica	GERMAN Germanica	RUSSIAN Russica	SPANISH Hispanica
	discuss →treat				
	dissertation →thesis				
117	**document (record² file)**	acte	Akt(e) Aktenstück Urkunde	dokument (документ) akt (акт)	documento acta
118	**documentation**	documentation	Dokumentation	dokumentacija (документация)	documentación
119	**doubtful (dubious)**	douteux	zweifelhaft	somniteľnyj (сомнительный) nedostovernyj (недостоверный)	dudoso
	drama →play				
120	**drawing**	dessin	Zeichnung	risunok (рисунок)	dibujo diseño
	dubious →doubtful				
121	**duplicate**	double duplicata	Doppelstück Dublette Zweitexemplar	dublet (дублет) dublikat (дубликат)	duplicado
	duplication →reproduction				
122	**edit¹ (prepare)**	editer rediger	bearbeiten besorgen abfassen die Ausgabe besorgen	podgotavlivať k pečati (подготавливать к печати)	editar preparar
123	**edit² (publish)**	éditer publier faire paraître	herausgeben	izdavať (издавать) opublikovyvať (опубликовывать)	editar publicar
124	**edition (issue publication)**	édition publication	Ausgabe Auflage	izdanie (издание) publikacija (публикация)	edición publicación
125	**editor¹**	rédacteur	Redakteur	redaktor (редактор)	redactor

BULGARIAN Bulgarica	CROATIAN Croatica	CZECH Bohemica	DANISH Danica	DUTCH Hollandica	FINNISH Fennica
delo (дело) akt (акт) dokument (документ)	akt dokument isprava	akt listina spis dokument	dokument	akte document notulen *pl.* papieren *pl.*	asiakirja
dokumentacija (документация)	dokumentacija	dokumentace	dokumentation	documentatie	kirjallisuuspalvelu
sâmnitelen (съмнителен)	sumnjiv nevjerodostojan	nejistý pochybný	tvivlsom	twijfelachtig	epäil(lyt)tävä
risunka (рисунка) skica (скица)	crtež	kresba obrázek	tegning	tekening	piirustus
dublikat (дубликат)	duplikat prijepis	duplikát	duplikat	duplicaat kopie	kaksoiskappale duplikaatti
prigotvjam za pečat (приготвям за печат) redaktiram (редактирам)	prirediti	upravit připravit do tisku	drage omsorg for	zorgen voor . . .	järjestää panna kuntoon
izdavam (издавам)	izdati	vydat	udgive	uitgeven publiceren	julkaista
izdanie (издание)	izdanje izdavanje	náklad vydání	oplag udgave	editie uitgave druk	julkaisu laitos painos
redaktor (редактор)	urednik	redaktor	redaktør	bewerker redacteur	toimittaja

	GREEK Graeca	HUNGARIAN Hungarica	ITALIAN Italica	LATIN Latina	NORWEGIAN Norvegica
117	engrafa *(ἔγγραφα) pl.*	akta okmány	atto documento	acta *pl.* documentum scriptum	dokument
118	epicheirematologia *(ἐπιχειρηματολογία)* tekmeriosis *(τεκμηρίωσις)*	dokumentáció	documentazione	documentatio	dokumentasjon
119	amphibolos *(ἀμφίβολος)*	kétes	dubbio(so) incerto	dubius incertus	tvilsom
120	ichnographema *(ἰχνογράφημα)*	rajz	disegno	figura pictura linearis delineatio graphis	tegning
121	diplographon *(διπλόγραφον)*	másodpéldány duplum	duplicato	duplum	dublett duplikat gjenpart
122	epimeleomai *(ἐπιμελέομαι)*	gondoz sajtó alá rendez szerkeszt	curare	adcurare curare curam gerere	forberede til trykning
123	ekdido *(ἐκδίδω)*	kiad közzétesz	pubblicare	edere publicare in lucem ferre	forlegge utgive
124	ekdosis *(ἔκδοσις)*	kiadás	edizione pubblicazione	editio	publikasjon utgave
125	syntaktes *(συντάκτης)*	szerkesztő	redattore curatore	redactor	redaktør

POLISH Polonica	PORTUGUESE Portugallica	RUMANIAN Rumenica	SERBIAN Servica	SLOVAK Slovaca	SWEDISH Suecica
akt dokument	acta auto documento	act document	akt (акт) dokument (документ) isprava (исправа)	úradný spis akt dokument spis	dokument handling
dokumentacja	documentação	documentaţie	dokumentacija (документација)	dokumentácia	dokumentation
wątpliwy	dúbio duvidoso	dubios îndoielnic nesigur	sumnjiv (сумњив) neverodostojan (неверодостојан)	neistý pochybný	tvivelaktig
rysunek szkic	debuxo desenho	desen	crtež (цртеж)	kresba nákres	teckning
dublet	duplicado	dublet	duplikat (дупликат) prepis (препис)	duplikát	dubblett
załatwić pielęgnować	preparar para a impressão	îngriji	prirediti (приредити)	upraviť pripraviť do tlače	besörja förbereda
wydawać	editar publicar	edita publica	izdati (издати)	vydať vydávať	utgiva publicera
edycja wydanie	ediçao	ediţie	izdanje (издање) izdavanje (издавање)	náklad vydanie	upplaga utgåva
redaktor	redactor	redactor	redaktor (редактор)	redaktor	redaktör

	ENGLISH Anglica	FRENCH Gallica	GERMAN Germanica	RUSSIAN Russica	SPANISH Hispanica
126	**editor²** **(publisher)**	editeur	Herausgeber	izdatel (иядатель)	editor
127	**editorial office** **(editor's office)**	rédaction	Redaktion Schriftleitung	redakcija (редакция)	redacción
	editor's office **→editorial office**				
128	**elaborate** **(work out/up)**	élaborer traiter	ausarbeiten	razrabatyvat (разрабатывать)	elaborar
129	**elegy**	élégie	Elegie Klagelied	ėlegija (элегия)	elegía
	employ **→use** *v.*				
130	**encyclopaedia** **(cyclopaedia)**	encyclopédie	Enzyklopädie Lexikon	ėnciklopedija (энциклопедия)	enciclopedia
131	**engrave**	graver	gravieren	gravirovat (гравировать)	grabar
132	**engraving** **(cut)**	gravure estampe	Stich Bilddruck	gravjura (гравюра)	grabado
133	**enlarge**	augmenter	vermehren erweitern	rasširjat (расширять) uveličivat (увеличивать)	aumentar acrecentar ampliar
	entire→complete *a.* **entry→catalog(u)ing**				
134	**epic** (epos)	poéme épique épopée	Heldendichtung Heldengedicht Epos	ėpičeskaja poema (эпическая поэма) ėpopeja (эпопея) ėpos (эпос)	poema épico epopeya

BULGARICAN Bulgarica	CROATIAN Croatica	CZECH Bohemica	DANISH Danica	DUTCH Hollandica	FINNISH Fennica
izdatel (издател)	izdavač nakladnik	nakladatel vydavatel	udgiver	uitgever	julkaisija
redakcija (редакция)	uredništvo redakcija	redakce redaktorství	redaktion	redactie	toimitus
izrabotvam (изработавм) razrabotvam (разработвам)	razraditi obraditi	vypracovat zpracovat	udarbejde	bewerken uitwerken	muokata laatia
elegija (елегия)	elegija	elegie žalozpěv	elegie klagedigt	elegie klaagdicht treurzang treurdicht	elegia surulaulu valitusruno
enciklopedija (енциклопедия)	enciklopedija	encyklopedie naučný slovník	encyklopædi konversations- leksikon leksikon	encyclopedie lexicon	tietosanakirja ensyklopedia
graviram (гравирам)	gravirati rezati urezivati	rýt	indgravere	graveren	kaivertaa
gravjura (гравюра)	gravira rez	rytina	gravering stik	gravure prent	kaiverrus
uveličavam) (увеличавам) razširjavam (разширявам)	umnožiti proširiti	rozšířit zvětšovat	forstørre udvide	vermeerderen	laajentaa lisätä
epopeja (епопея) epična poema (епична поема)	epopeja ep	epos hrdinská báseň	epope heltedigt	epos heldendicht	eepos sankariruno

	GREEK Graeca	HUNGARIAN Hungarica	ITALIAN Italica	LATIN Latina	NORWEGIAN Norvegica
126	ekdotes *(ἐκδότης)*	kiadó	editore	editor	utgiver
127	syntaxis *(σύνταξις)*	szerkesztőség	redazione	redactio	redaksjon
128	exergazomai *(ἐξεργάζομαι)* syngrapho *(συγγράφω)*	feldolgoz	elaborare elucubrare	elaborare conficere elucubrare	bearbeide
129	elegeia *(ἐλεγεία)* epitymbidion *(ἐπιτυμβίδιον)*	elégia	elegia	cantus lugubris elegia nenia	elegi klagesang
130	enkyklopaideia *(ἐγκυκλοπαίδεια)* lexikon *(λεξικόν)*	lexikon enciklopédia	enciclopedia lessico	encyclopaedia lexicon	konversasjonslek- sikon
131	glypho *(γλύφω)*	metsz vés	incidere	sculpere incidere	gravere inngravere skjære
132	chalkographia *(χαλκογραφία)* xylographia *(ξυλογραφία)* glyphe *(γλύφη)*	metszet	incisione stampa	imago incisa sculptura	gravering kobberstikk
133	auxano *(αὐξάνω)* euryno *(εὐρύνω)*	bővít	amplificare	amplificare augere	utvide
134	epos *(ἔπος)* epopoiia *(ἐποποιΐα)*	hősköltemény eposz	epopea poema epico	epos epopoea	epos heltedikt

POLISH Polonica	PORTUGUESE Portugallica	RUMANIAN Rumenica	SERBIAN Servica	SLOVAK Slovaca	SWEDISH Suecica
wydawca	editor	editor	izdavač (издавач)	nakladateľ vydavateľ	utgivare
redakcja	redacção	redacţie	redakcija (редакција)	redakcia	redaktion
opracować	elaborar trabalhar	elabora prelucra	razraditi (разрадити) obraditi (обрадити)	vypracovať spracovať	utarbeta
elegia pieśń żałobna	elegia	elegie	elegija (елегија)	elégia žalospev	elegi
encyklopedia	enciclopédia	enciclopedie	enciklopedija (енциклопедија)	encyklopédia lexikón náučný slovník	encyklopedi konversations- lexikon
rytować	gravar	grava	gravirati (гравирати) rezati (резати) urezivati (урезивати)	rezať ryť	gravera
rycina sztych	gravura	gravură stampă	gravira (гравира) rez (рез)	rez rytina	gravyr stick
powiększyć rozszerzyć	alargar ampliar aumentar	adăuga mări lărgi	umnožiti (умножити) proširiti (проширити)	rozšíriť zväčšovať	utvidga
epopeja poemat bohaterski	epopeia	epopee poem epic	epopeja (епопеја) ep (еп)	epopeja hrdinská báseň hrdinský epos	epos hjältedikt

	ANGLICA Anglica	FRENCH Gallica	GERMAN Germanica	RUSSIAN Russica	SPANISH Hispanica
135	**epilogue (conclusion)**	postface épilogue	Nachwort Schlußwort Epilog	posleslovie (послесловие) zaključenie (заключение) èpilog (эпилог)	epílogo
	epistle →letter				
	epos→epic				
136	**essay[1]**	essai	Aufsatz Essay	èsse (эссе) očerk (очерк)	ensayo
	essay[2] →study, treatise				
	etched copperplate →etching				
137	**etching (etched copperplate)**	gravure à l'eau forte	Kupferradierung	gravjura na medi (гравюра на меди) ofort (офорт)	grabado al agua fuerte aguafuerte
	excerpt→extract				
138	**exchange centre (exchange center)**	service/centre des échanges	Tauschstelle	centr knigoobmena (центр книгообмена)	centro/servicio de canje
	exemplar→copy[2]				
139	**exhibition (exposition)**	exposition	Ausstellung	vystavka (выставка)	exhibición exposición
140	**explain (interpret)**	expliquer interpréter	erläutern	ob"jasnjat' (объяснять) tolkovat' (толковать)	explicar interpretar
141	**explanation (explication)**	interprétation explication	Erläuterung	ob"jasnenie (объяснение) tolkovanie (толкование)	explicación interpretación
	explanatory note →annotation				
	explication →explanation				
	exposition→exhibition				
142	**extract (excerpt)**	extrait abrégé	Auszug	izvlečenie (извлечение) vyderžka (выдержка)	extracto compendio epítome

BULGARIAN Bulgarica	CROATIAN Croatica	CZECH Bohemica	DANISH Danica	DUTCH Hollandica	FINNISH Fennica
posleslovie (послесловие) epilog (епилог)	pogovor epilog	doslov epilog	efterskrift epilog slutord	epiloog nawoord slotwoord	jälkilause epilogi loppulause
ese (есе)	esej ogled	essay	essay	essay	tutkielma kirjoitelma essee
gravjura (гравюра) halkografija (халкография)	bakropis	lept mědirytina	radering	ets	syövytys etsaus
knigoobmenna služba (книгообменна служба)	služba zamjene knjiga	výměnná služba	udvekslings-tjeneste	ruilbureau ruildienst	vaihtokeskus
izložba (изложба)	izložba	výstava	udstilling	tentoonstelling	näyttely
objasnjavam (обяснявам) razjasnjavam (разяснявам)	tumačiti objašnjavati	vykládat vyložit	forklare	uitleggen verklaren	selittää
objasnenie (обяснение)	objašnjenje	výklad	bemærkning	verklaring	selitys
izvadka (извадка) izvlečenie (извлечение) rezjume (резюме)	izvod odlomak izvadak	výpis výtah	uddrag	uittreksel	ote

	GREEK Graeca	HUNGARIAN Hungarica	ITALIAN Italica	LATIN Latina	NORWEGIAN Norvegica
135	epilogos (ἐπίλογος) teleutaia rhemata (τελευταῖα ῥήματα)	utószó	epilogo	epilogus peroratio	epilog etterskrift etterord slutningsbemerkning
136	dokimion (δοκίμιον)	esszé	saggio	studium elaboratum elucubratio	essay
137	chalkographia (χαλκογραφία)	rézkarc	incisione all'acquaforte acquaforte	figura in aere irrasa	kopperradering
138	hyperesia antallagon (ὑπηρεσία ἀνταλλαγῶν)	csereközpont	servizio degli scambi	institutum librorum permutandi	utvekslingstjeneste
139	ekthesis (ἔκθεσις)	kiállítás	esposizione	exhibitio expositio	utstilling
140	exego (ἐξηγῶ)	magyaráz	spiegare esporre illuminare	explicare exponere illuminare illustrare	forklare
141	exegesis (ἐξήγησις) scholion (σχόλιον)	magyarázat	spiegazione	explanatio illustratio interpretatio	bemerkning kommentar
142	apospasma (ἀπόσπασμα) epitome (ἐπιτομή)	kivonat	epitome estratto sunto	extractum epitome excerptum	utdrag

POLISH Polonica	PORTUGUESE Portugallica	RUMANIAN Rumenica	SERBIAN Servica	SLOVAK Slovaca	SWEDISH Suecica
posłowie epilog	pós-data	epilog postfaţă	pogovor (поговор) epilog (епилог)	doslov záver	epilog slutord
esej	ensaio	eseu	esej (есеј) ogled (оглед)	esej	essay, essä uppsats
rycina	gravura em água-forte	gravură cu acvaforte acvaforte	bakropis (бакропис)	medirytina	radering etsning
biuro wymiany	centro/serviço de permuta	serviciul de schimbare	služba razmene publikacija (служба размене публикација)	výmena	bytesavdelning
wystawa	exposição	expoziţie	izložba (изложба)	výstava	utställning
objaśniać wyjaśniać	explicar	explica lămuri interpreta	tumačiti (тумачити) objašnjavati (објашњавати)	vykladať vysvetľovať	förklara
interpretacja	explicação	explicaţie lămurire interpretare	objašnjenje (објашњење)	výklad	förklaring
streszczenie wyciąg	excerto extracto	extras	izvod (извод) odlomak (одломак) izvadak (извадак)	výpis výťah	utdrag

	ENGLISH Anglica	FRENCH Gallica	GERMAN Germanica	RUSSIAN Russica	SPANISH Hispanica
143	**fable (tale)**	fable conte (de fées)	Märchen Fabel	skazka (сказка) basnja (басня)	fábula cuento
144	**facsimile**	fac-similé	Faksimile	faksimile (факсимиле)	facsímile
145	**fashion magazine**	journal de modes	Modezeitschrift Modeblatt	žurnal mod (журнал мод)	revista de modas
	festschrift →memorial volume				
146	**fiction**	nouvelles et contes belles-lettres œuvres d'imagination	Romanliteratur erzählende Dichtung Belletristik	belletristika (беллетристика) povestvovateľnaja hudožestvennaja literatura (повествовательная художественная литература)	novelas y cuentos
	figure →picture, number				
	file→document				
147	**first**	premier	erste	pervyj (первый)	primer(o) primera
	first edition →original edition				
148	**flysheet (leaflet broadside)**	feuille volante	Flugblatt	listovka (листовка)	folleto hoja volante
149	**footnote**	note infrapaginale note au bas de la page	Fußnote	podstročnoe primečanie (подстрочное примечание) snoska (сноска)	nota al pie
150	**for**	pour	für	dlja (для) radi (ради) za (за)	para por
	foreword →preface				

BULGARIAN Bulgarica	CROATIAN Croatica	CZECH Bohemica	DANISH Danica	DUTCH Hollandica	FINNISH Fennica
prikazka (приказка) basnja (басня)	bajka basna priča	bajka pohádka	eventyr fabel	fabel	satu tarina
faksimile (факсимиле)	faksimil	faksimile	faksimile	facsimile	faksimile jäljennöspainos
modno spisanie (модно списание) moden žurnal (моден журнал)	modni časopis	módní časopis	modeblad modejournal	modejournal modeblad	muotilehti
beletristika (белетристика) hudožestvena proza (художествена проза)	beletristika lijepa književnost	próza romány a novely	prosadigtning	romanliteratuur verhalend proza	suorasanainen kaunokirjalli- suus kertomakirjalli- suus (proosa)kirjallisuus
pârvi (първи)	prvi	první prvý	først(e)	eerste	ensi(mäinen)
poziv (позив) hvârčašt list (хвърчащ лист)	letak	leták list	flyveskrift flyveblad	vlugschrift	lentokirjanen lentolehti
beležka pod linija (бележка под линия)	bilješka na dnu stranice	poznámka pod čarou	note	voetnoot	alaviite
za (за)	za radi zbog	pro	for til	om voor	-lle takia varten vuoksi

	GREEK Graeca	HUNGARIAN Hungarica	ITALIAN Italica	LATIN Latina	NORWEGIAN Norvegica
143	paramythi *(παραμύθι)* mythos *(μῦθος)*	mese	fiaba storiella	fabula	eventyr fabel sagn
144	faksimile *(φακσίμιλε)* apeikasma *(ἀπείκασμα)*	fakszimile	facsimile	facsimile	faksimile
145	periodikon modas *(περιοδικόν μόδας)*	divatlap	rivista di moda	periodica vestium elegantium	moteblad motejournal
146	logotechnike pezographia *(λογοτεχνική πεζογραφία)*	széppróza	romanzi e novelle	prosa pulchra	diktning på prosa fiksjon oppdiktning
147	protos *(πρῶτος)*	első	primo	primus princeps	første
148	prokeryxe *(προκήρυξη)* feig-bolan *(φέϊγ-βολάν)*	röplap	foglio volante	libellus	flygeblad
149	parapompe *(παραπομπή)*	lábjegyzet	nota in calce	annotatio in ima pagina	fotnote
150	gia *(γιά)* pros *(πρός)* hyper *(ὑπέρ)* pro *(πρό)*	-ért számára -ra, -re	per	pro propter	for

POLISH Polonica	PORTUGUESE Portugallica	RUMANIAN Rumenica	SERBIAN Servica	SLOVAK Slovaca	SWEDISH Suecica
bajka baśń	conto fábula	basm poveste	bajka (бajка) basna (басна) priča (прича)	bájka rozpávka	fabel saga berättelse
facsimile	fac-símile	facsimil	faksimil (факсимил)	faksimile	faksimile
żurnal	jornal de modas	jurnal de mode	modni žurnal (модни журнал)	módny časopis módy *pl.*	modetidskrift
beletrystyka	romances e novelas	beletristică în proză	beletristika (белетристика)	próza romány a novely *pl.*	skönlitteratur
pierwszy	primeiro principal	întîi prim	prvi (први)	prvý	första, förste
druk ulotny ulotka	folheto papel volante	foaie volantă	letak (летак)	leták	flygskrift flygblad
przypis pod tekstem uwaga	nota no pé de página	notă în subsol	beleška na dnu stranice (белешка на дну странице)	poznámka pod čiarou	not anmärkning (nederst på sidan)
dla przez za	a para por	pentru	za (за) radi (ради) zbog (због)	pre	för

	ENGLISH Anglica	FRENCH Gallica	GERMAN Germanica	RUSSIAN Russica	SPANISH Hispanica
151	**forgery**	falsification	Fälschung	fal̇sifikacija (фальсификация) poddelka (подделка)	falsificación
	founded on →based on				
152	**fragment**	fragment	Fragment Bruchstück	fragment (фрагмент) otryvok (отрывок)	fragmento trozo
153	**from**	d' de par	von aus	ot (от)	de desde por
	full →complete **gather →collect**				
154	**glossary (vocabulary)**	glossaire vocabulaire	Glossar Wörterverzeichnis	spisok slov (список слов) glossarij (глоссарий)	glosario vocabulario
	gramophon record →record[1] **grand →large**				
155	**guide(-book)**	guide	Reisebuch Reiseführer	putevoditel̇ (путеводитель)	guía
156	**handbook (manual)**	manuel	Handbuch	spravočnik (справочник) rukovodstvo (руководство)	manual
157	**history**	histoire	Geschichte	istorija (история)	historia
	humorous newspaper →comic (news)paper				
	hymn →anthem				
	hymnal →songbook				
	hymn-book →songbook				
158	**iconography**	iconographie	Ikonographie	ikonografija (иконография)	iconografía
159	**idyll**	idylle	Idylle Hirtengedicht	idillija (идиллия)	idilio

BULGARICAN Bulgarica	CROATIAN Croatica	CZECH Bohemica	DANISH Danica	DUTCH Hollandica	FINNISH Fennica
falšifikat (фалшификат) podpravka (подправка)	falsifikat krivotvorina	falsifikát padělek	falskneri forfalskning	vervalsing namaak	väärennös falsifikaatti
fragment (фрагмент) otkâslek (откъслек)	fragment odlomak	ragment zlomek úryvek	brudstykke fragment	fragment	fragmentti katkelma
ot (от)	od	od	af	van	-lta, -ltä -sta, -stä
spisâk na dumi (списък на думи)	glosar	glosář	fortegnelse glosar ordliste	lijst glossarium woordenlijst	sanaluettelo sanasto
pâtevoditel (пътеводител)	vodič	průvodce	fører vejledning	gids leidraad	opas
râkovodstvo (ръководство) narâčnik (наръчник)	priručnik	příručka rukověť	håndbog	handboek	käsikirja
istorija (история)	historija povijest	dějiny historie	historie	geschiedenis historie	kertomus historia
ikonografija (иконография)	ikonografija	ikonografie	ikonografi	iconografie	ikonografia
idilija (идилия)	idila	idyla	hyrdedigt idyl	herdersdicht idylle	idylli

	GREEK Graeca	HUNGARIAN Hungarica	ITALIAN Italica	LATIN Latina	NORWEGIAN Norvegica
151	notheusis *(νόθευσις)* kibdeleia *(κιβδηλεία)*	hamisítvány	falsificazione	falsum	forfalskning
152	apospasma *(ἀπόσπασμα)*	töredék	frammento	fragmentum	bruddstykke fragment
153	apo *(ἀπό)* ek *(ἐκ)*	-tól, -től -ból, -ből	da di	a, ab de e, ex	av fra
154	onomastikon *(ὀνομαστικόν)*	szójegyzék	lista glossario	glossarium vocabularium	glossar ordbok ordliste
155	hodegos *(ὁδηγός)*	útikönyv útikalauz	guida	ductor	guide fører veiledning
156	encheiridion *(ἐγχειρίδιον)*	kézikönyv	manuale	compendium liber manualis manuale enchiridion	håndbok
157	historia *(ἱστορία)*	történet történelem	storia	historia res gestae	historie
158	eikonographia *(εἰκονογραφία)*	ikonográfia	iconografia	iconographia	ikonografi
159	eidyllion *(εἰδύλλιον)*	idill pásztorköltemény	idillio	idyllium poëma bucolicum	hyrdedikt idyll

POLISH Polonica	PORTUGUESE Portugallica	RUMANIAN Rumenica	SERBIAN Servica	SLOVAK Slovaca	SWEDISH Suecica
falsyfikat podróbka	falsificação falso	falsificare falsificație	falsifikat (фалсификат) krivotvorina (кривотворина)	falzifikát	förfalskning
fragment urywek	fragmento	gragment fracțiune	fragment (фрагмент) odlomak (одломак)	fragment zlomok úryvok	fragment brottstycke
od z(e)	de por	de din	od (од) iz (из)	od z	av
glosariusz	glossário	glosar	glosar (глосар)	glosár	ordlista
przewodnik	guia	ghid călăuză	putovođa (путовођа)	sprievodca	vägledning guide
podręcznik	manual	compendiu manual	priručnik (приручник)	príručka rukoväť	handbok uppslagsbok
historia	historia	istorie	istorija (историја) povest (повест)	dejiny *pl.* história	historia
ikonografia	iconografia	iconografie	ikonografija (иконографија)	ikonografia	ikonografi
idylla	idílio	idilă	idila (идила)	idyla	idyll

6

	ENGLISH Anglica	FRENCH Gallica	GERMAN Germanica	RUSSIAN Russica	SPANISH Hispanica
160	**illustrate**	illustrer	illustrieren	illjustrirovať (иллюстрировать)	ilustrar
	illustration →picture				
161	**imitation**	imitation copie	Nachbildung Nachahmung Imitation	imitacija (имитация) podražanie (подражание)	imitación copia
162	**impression (printing print[2])**	impression	Abdruck	otpečatok (отпечаток) ottisk (оттиск)	impresión tiraje tirada
163	**imprint (printer's address)**	adresse bibliographique	Druckvermerk Erscheinungsvermerk Impressum	vychodnye dannye (выходные данные)	notas tipográficas pie de imprenta
164	**in**	à dans en	in	v, vo (в, во) na (на)	a en
165	**incomplete**	incomplet	unvollständig	nekomplektnyj (некомплектный) nepolnyj (неполный)	incompleto
166	**incunabula** *pl.*	incunables *pl.*	Inkunabel Wiegendruck	inkunabula (инкунабула)	incunable
167	**index (register)**	index registre	Register	ukazateľ (указатель) indeks (индекс)	índice
168	**initial** **inscription→dedication**	initiale	Initiale Anfangsbuchstabe	inicial (инициал)	inicial
169	**insert (intercalate)**	insérer intercaler	einfügen	vstavljať (вставлять) vključať (включать)	insertar

BULGARIAN Bulgarica	CROATIAN Croatica	CZECH Bohemica	DANISH Danica	DUTCH Hollandica	FINNISH Fennica
iljustriram (илюстрирам)	ilustrirati	ilustrovat vyobrazovat	illustrere	illustreren	kuvittaa valaista
imitacija (имитация)	podražavanje imitacija	napodobení	efterligning imitation	imitatie	jäljittely mukailu
otpečatâk (отпечатък)	otisak štampa tisak	otisk tisk	tryk(sag) oplag	druk	vedos
bibliografski adres (библиографски адрес) izdatelski danni (издателски данни) *pl.*	impresum	tisk otisk	impressum	bibliografisch adres impressum	julkaisutiedot
v (в) vâv (във) na (на)	u na	v ve	i på	in	-ssa -ssä
nepâlen (непълен) nekomplekten (некомплектен)	manjkav nepotpun	neúplný	ufuldstændig ukomplet	onvolledig incompleet	epätäydellinen puutteellinen
inkunabul (инкунабул) pârvopečatna kniga (първопечатна книга)	inkunabula prvotisak	inkunabule prvotisk	inkunabel vuggetryk	incunabel wiegedruk	inkunaabeli varhaispainos
indeks (индекс) ukazatel (указател)	indeks registar	ukazatel ukazovatel	indeks	index	hakemisto
inicial (инициал)	inicijali *pl.*	iniciála	initial	beginletter initiaal	initiaalit *pl.* alkukirjain
vmestvam (вмествам)	umetati prilagođavati	vložit vpravit	indføje indsætte	invoegen	liittää lisätä sovittaa

	GREEK Graeca	HUNGARIAN Hungarica	ITALIAN Italica	LATIN Latina	NORWEGIAN Norvegica
160	eikonographo (εἰκονογραφῶ)	illusztrál	illustrare	illustrare	illustrere
161	mimesis (μίμησις)	utánzat	imitazione	imitatio	etterlikning imitasjon
162	anatyposis (ἀνατύπωσις)	nyomat	tiratura	impressio impressum typus	avtrykk opplag preg trykk
163	ektyposis (ἐκτύπωσις)	impresszum	nota tipografica soscrizione	impressum	impressum
164	en (ἐν) eis (εἰς), se (σε)	-ba, -be -ban, -ben	in	in	i på
165	ell(e)ipes (ἐλλειπής) asymplerotos (ἀσυμπλήρωτος)	hiányos	incompleto scompleto	incompletus	ufulstendig ukomplett
166	typoma archaion (τύπωμα ἀρχαῖον)	ősnyomtatvány inkunábulum	incunabulo	incunabulum	inkunabel paleotyp vuggetrykk
167	katalogos (κατάλογος) pinakas (πίνακας)	mutató index	indicatore indice	index	index viser
168	archikon gramma (ἀρχικόν γράμμα)	iniciálé	iniziale	initiale	initiale
169	paremballo (παρεμβάλλω)	beilleszt	inserire intercalare	inserere intercalare	innføre innsette

POLISH Polonica	PORTUGUESE Portugallica	RUMANIAN Rumenica	SERBIAN Servica	SLOVAK Slovaca	SWEDISH Suecica
illustrować	ilustrar	ilustra	ilustrovati (илустровати)	ilustrovať	illustrera
naśladownictwo imitacja	imitação	imitaţie	podražavanje (подражавање) imitacija (имитација)	imitácia napodobnenina	imitation
druk	impressão tiragem	imprimare tipărire	otisak (отисак) štampa (штампа)	odtlačok tlač	tryck(sak)
adres wydawniczy metryka książki	pé de imprensa	adresă bibliografică	impresum (импресум)	impressum	tryckuppgift
w(e)	em	în	u (у) na (на)	v vo	i på
niekompletny	defeituoso	incomplet	nepotpun (непотпун) nekompletan (некомплетан)	neúplný	ofullständig
inkunabuł	incunábulo	incunabul	inkunabule (инкунабуле) *pl.* prvotisak (првотисак)	inkunábula prvotlač	inkunabel
indeks	index	indice	indeks (индекс) registar (регистар)	index ukazovateľ	index register
inicjał	inicial	iniţială	inicijali (иницијали) *pl.*	iniciála	initial
adjustować	inserir	insera intercala	umetati (уметати) prilagođavati (прилагођавати)	vložiť zaradiť	infoga

	ENGLISH Anglica	FRENCH Gallica	GERMAN Germanica	RUSSIAN Russica	SPANISH Hispanica
170	**institute**	institut	Institut Anstalt	institut (институт)	instituto
	instructions *pl.* **→prescription**				
	intercalate **→insert**				
	interpret **→explain**				
171	**introduce**	introduire	einleiten einführen	vvodiť (вводить)	introducir
172	**introduction**	introduction	Einleitung Einführung	vvedenie (введение) vstuplenie (вступление)	introducción
173	**inventory**	inventaire	Bestand Inventur	inventar' (инвентарь)	inventario
	issue→edition				
174	**joint author**	co-auteur	Mitverfasser	soavtor (соавтор)	coautor
	journal **→diary, periodical**				
	juvenile book **→children's book**				
175	**language**	langage langue	Sprache	jazyk (язык)	lengua idioma
176	**large** **(big** **grand)**	grand	groß	boľšoj (большой) velikij (великий)	gran(de)
177	**law** **(statute²)**	loi	Gesetz	zakon (закон)	ley estatuto
178	**leaf**	feuillet	Blatt	list (лист)	hoja
	leaflet **→flysheet**				

BULGARIAN Bulgarica	CROATIAN Croatica	CZECH Bohemica	DANISH Danica	DUTCH Hollandica	FINNISH Fennica
institut (институт)	zavod institut	ústav institut	anstalt institut	instituut	instituutti laitos opisto
vâveždam (въвеждам)	uvoditi	uvádět	indføre introducere præsentere	inleiden	johdatta
uvod (увод) vâvedenie (въведение)	uvod	předmluva úvod	indledning introduktion præsentation	inleiding	johdanto
inventar (инвентар)	inventar	inventář	bestand	inventaris	inventaari(o)
sâavtor (съавтор)	suautor	spoluautor	medforfatter	medewerker	tekijäkumppani
ezik (език)	jezik	jazyk	sprog	spraak taal	kieli
goljam (голям) velik (велик)	velik	veliký	stor	groot	iso kookas suuri
zakon (закон)	zakon	zákon	lov	wet	laki
list (лист)	list	list	blad	bladzijde	lehti sivu

	GREEK Graeca	HUNGARIAN Hungarica	ITALIAN Italica	LATIN Latina	NORWEGIAN Norvegica
170	instituton (ἰνστιτοῦτον) katastema (κατάστημα)	intézet	istituto	institutum	anstalt institutt
171	eisago (εἰσάγω) prosago (προσάγω)	bevezet	introdurre	introducere	innføre innlede
172	eisagoge (εἰσαγωγή) prolegomena (προλεγόμενα) prologos (πρόλογος)	bevezetés	introduzione	introductio praefatio	innførelse innføring innledning introduksjon
173	kineta (κινητά) apographe (ἀπογραφή)	készlet állomány leltár	inventario	inventarium	bestandfortegnelse inventar
174	synergates (συνεργάτης)	társszerző	coautore	co-autor	medforfatter
175	glossa (γλῶσσα) glotta (γλῶττα)	nyelv	lingua	lingua	språk
176	megas (μέγας) megalos (μεγάλος)	nagy	grande	magnus	stor
177	nomos (νόμος)	törvény	legge	lex	lov
178	phyllon (φύλλον)	levél papíriap	foglio	folium	blad

POLISH Polonica	PORTUGUESE Portugallica	RUMANIAN Rumenica	SERBIAN Servica	SLOVAK Slovaca	SWEDISH Suecica
instytut	instituto	institut	zavod (завод) institut (институт)	ústav inštitút	institut anstalt
napisać wstęp wprowadzić	introduzir	introduce	uvoditi (уводити)	uviesť	inleda
słowo wstępne wstęp	introdução	introducere	uvod (увод)	úvod	inledning
inwentarz	inventário	inventar	inventar (инвентар)	inventár	inventarium
współautor	co-autor	coautor	suautor (суаутор)	spoluautor	medförfattare
język	lingua linguagem	limbă limbaj	jezik (језик)	jazyk	språk
wielki duży	grande	mare	velik (велик)	veľký	stor
ustawa prawo	lei	lege	zakon (закон)	zákon	lag
liść	página	foaie filă	list (лист)	list	blad

	ENGLISH Anglica	FRENCH Gallica	GERMAN Germanica	RUSSIAN Russica	SPANISH Hispanica
179	**lecture**	conférence lecture	Vorlesung Vortrag	doklad (доклад) lekcija (лекция)	lectura lección
	left-hand page **→verso**				
180	**lending** **(circulation)**	prêt	Ausleihe	abonement (абонемент) vydača knig na dom (выдача книг на дом)	préstamo
181	**letter** **(epistle)**	lettre	Brief Epistel	pismo (письмо)	carta epístola
	letters →literature				
	lexicon **→dictionary**				
182	**librarian**	bibliothécaire	Bibliothekar	bibliotekar' (библиотекарь)	bibliotecario
183	**library**	bibliothèque	Bibliothek	biblioteka (библиотека)	biblioteca
184	**list** **(register)**	liste registre	Verzeichnis	spisok (список) perečen (перечень) ukazatel' (указатель)	lista registro
185	**literary remains** *pl.* **(remains)**	legs *pl.*	Nachlaß	literaturnoe nasledie (литературное наследие) posmertnye proizvedenija (посмертные произведения)	obras póstumas *pl.* resto
186	**literature** **(letters** *pl.***)**	littérature lettres *pl.*	Literatur Schrifttum	literatura (литература)	literatura
187	**lithograph(y)**	lithographie	Lithographie Steindruck	litografija (литография) litografskaja pečat' (литографская печать)	litografía

BULGARIAN Bulgarica	CROATIAN Croatica	CZECH Bohemica	DANISH Danica	DUTCH Hollandica	FINNISH Fennica
skazka (сказка) doklad (доклад) četene (четене) lekcija (лекция)	predavanje referat lekcija	přednes referát přednáška	foredrag forelæsning	voordacht lezing	esitelmä
knigozaemane (книгозаемане)	posudba zajam	výpůjčka	udlån	uitlening	laina(us)
pismo (писмо)	pismo list	dopis psaní	brev epistel	brief	kirje epistola
bibliotekar (библиотекар)	bibliotekar	knihovník	bibliotekar	bibliothecaris	kirjastonhoitaja
biblioteka (библиотека)	biblioteka knjižnica	knihovna	bibliotek	bibliotheek	kirjasto
spisâk (списък)	popis spisak	seznam	liste fortegnelse	lijst tabel	lista luettelo
literaturno nasledstvo (литературно неследство) posmârtni proizvedenija (посмъртни произведения) *pl.*	nasljedstvo ostavština	(literární) odkaz	bo efterladenskab	nalatenschap	jäännös
literatura (литература) knižnina (книжнина)	književnost literatura	literatura písemnictví	litteratur	literatuur letterkunde	(kauno) kirjallisuus
litografija (литография)	kamenotisak litografija	kamenotisk litografie	litografi stentryk	lithografie steendruk	kivipaino(s)

	GREEK Graeca	HUNGARIAN Hungarica	ITALIAN Italica	LATIN Latina	NORWEGIAN Norvegica
179	dialexis *(διάλεξις)* paradosis *(παράδοσις)*	előadás felolvasás	discorso lezione lettura	dictio explicatio pertractatio praelectio	forelesning opplese
180	daneismos *(δανεισμός)*	kölcsönzés	prestito	mutuatio librorum	utlån
181	epistole *(ἐπιστολή)*	levél	lettera	epistula litterae *pl.*	brev epistel
182	bibliothekarios *(βιβλιοθηκάριος)*	könyvtáros	bibliotecario	bibliothecarius	bibliotekar
183	bibliotheke *(βιβλιοθήκη)*	könyvtár	biblioteca	bibliotheca	bibliotek
184	elenchos *(ἔλεγχος)* katalogos *(κατάλογος)*	jegyzék lajstrom lista	elenco lista registro	elenchus tabulae *pl.* register index	fortegnelse liste
185	kleronomia *(κληρονομία)* leimma *(λεῖμμα)*	irodalmi hagyaték/örökség hátrahagyott művek *pl.*	lascito	opera relicta (omnia) opera postuma *pl.*	dødsbo etterlatte skrifter *pl.* legat
186	logotechnia *(λογοτεχνία)* philologia *(φιλολογία)*	irodalom	letteratura	litterae *pl.* litteratura	litteratur
187	lithographia *(λιθογραφία)*	kőnyomat	litografia	lithographia opus lithographicum	litografi steintrykk

POLISH Polonica	PORTUGUESE Portugallica	RUMANIAN Rumenica	SERBIAN Servica	SLOVAK Slovaca	SWEDISH Suecica
odczyt prelekcja wykład	conferência	conferinţă prelegere	lekcija (лекција) predavanje (предавање) referat (реферат)	prednes referát prednáška	föredrag
wypożyczanie	empréstimo	împrumutare	pozajmica (позајмица)	vypožičanie	lån
pismo list	carta epístola	scrisoare epistolă	pismo (писмо) list (лист)	list písmo	brev epistel
bibliotekarz	bibliotecário	bibliotecar	bibliotekar (библиотекар)	knihovník	bibliotekarie
biblioteka księgozbór	biblioteca	bibliotecă	biblioteka (библиотека) knjižnica (књижница)	knižnica	bibliotek
lista skorowidz spis	lista	listă	popis (попис) spisak (списак)	súpis zoznam	lista förteckning register
spuścizna	obras póstumas *pl.*	moştenire opere postume *pl.*	nasledstvo (наследство) zaostavština (заоставштина)	(literárny) odkaz	återstod lämningar
literatura	literatura	literatură	književnost (књижевност) literatura (литература)	literatúra písomníctvo	literatur
litografia	litografia	litografie	kamenotisak (каменотисак) litografija (литографија)	kameňotlač litografia	littografi

	ENGLISH Anglica	FRENCH Gallica	GERMAN Germanica	RUSSIAN Russica	SPANISH Hispanica
188	**little (small)**	petit	klein	malen'kij (маленький) nebolšoj (небольшой)	pequeño
189	**location mark (shelf mark/number call number)**	cote	Stand(ort)nummer Ordnungsnummer Standortsignatur Lokalsignatur	šifr (шифр) poločnyj indeks (полочный индекс) indeks (индекс)	signatura topográfica
190	**loose-leaf book (loose-leaf volume loose-leaf)**	publication à feuillets mobiles	Loseblattbuch Loseblattsammlung	listkovoe izdanie (листковое издание)	libro de hojas cambiables
	magazine →periodical²				
	main →chief				
191	**main card**	fiche principale	Hauptzettel	osnovnaja kartočka (основная карточка)	ficha principal
	manual →handbook, textbook				
192	**manuscript**	manuscrit	Handschrift Manuskript	rukopis' (рукопись) manuskript (манускрипт)	manuscrito
193	**map**	carte géographique	Karte Landkarte	karta (карта)	mapa geográfico
194	**margin**	marge	Rand Blattrand	pole (поле)	margen
195	**matter**	composition	Satz	nabor (набор)	composición
	meeting →assembly, sitting				
196	**memoir (memorial memorandum)**	mémoire mémorial	Denkschrift Memoire Memorandum	memorandum (меморандум)	memorándum memoria(s *pl.)*

BULGARIAN Bulgarica	CROATIAN Croatica	CZECH Bohemica	DANISH Danica	DUTCH Hollandica	FINNISH Fennica
malâk (малък)	mali	malý	lille små	klein	pieni pikku
signatura (сигнатура)	mjesna signatura	signatura knihy	pladssignatur	magazijnnummer boeknummer	paikanmerkki paikkamerkki (hylly)signumi
listovo izdanie (листово издание)	knjiga sastavljena od slobodnih listova	kniha s volnými listy	løsbladsbog	losbladig boek	irtolehtikirja
osnovna kartička (основна картичка) osnoven fiš (основен фиш)	glavni kataloški listić	hlavní záznam	hovedkort hovedseddel	hoofdkaart	pääkortti
râkopis (ръкопис)	rukopis	rukopis	håndskrift manuskript	handschrift manuscript	käsikirjoitus
geografska karta (географска карта)	zemljopisna karta	(zeměpisná) mapa	landkort	geografische kaart kaart landkaart	kartta
pole na kniga (поле на книга)	rub (stranice) margina	okraj stránky	margin	kantlijn marge	vierus marginaali
nabor (набор)	slog	sazba	sats	zetsel	lados
memorandum (меморандум)	spomenica memorandum	pamětní spis	mindeskrift	gedenkschrift	muistokirjoitus

	GREEK Graeca	HUNGARIAN Hungarica	ITALIAN Italica	LATIN Latina	NORWEGIAN Norvegica
188	mikros *(μικρός)*	kis	piccolo	parvus exiguus	lille liten små *pl.*
189	arithmos apothekes *(ἀριθμός ἀποθήκης)* episema *(ἐπίσημα)*	helyrendi szám raktári jelzet	segnatura collocazione	signatura loci	(plas)signatur boksignatur
190	astachoton *(ἀστάχωτον)*	szabadlapos könyv könyv cserélhető lapokkal	libro a pagine mobili	liber cum foliis mobilibus	løsbladbok
191	kyrion deltion *(κύριον δελτίον)*	főlap	scheda principale	charta/scida principalis	hovedkort hovedseddel
192	cheirographon *(χειρόγραφον)* autographon *(αὐτόγραφον)*	kézirat	manoscritto originale	autographum chirographum manuscriptum	håndskrift manuskrift
193	(geografikos) chartes *(γεωγραφικός χάρτης)*	térkép	carta geografica	charta	kart landkart
194	perithorion *(περιθώριον)*	margó lapszél	margine	margo	marg
195	stoicheiothesia *(στοιχειοθεσία)*	szedés	composizione	compostitio typorum	sats
196	hypomnema *(ὑπόμνημα)*	emlékirat	memoriale memorandum	in memoriam ... libellus commentarius memorandum	memorandum minneskrift

POLISH Polonica	PORTUGUESE Portugallica	RUMANIAN Rumenica	SERBIAN Servica	SLOVAK Slovaca	SWEDISH Suecica
mały	pequeno	mic	mali (мали)	malý	liten små(-)
sygnatura	cota	local număr număr de magazie	signatura (сигнатура)	signatúra	lokalsignum
wydawnictwo skoroszytowe/ luźnokartkowe	livro de folhas soltas	carte cu foi libere	knjiga sa slobodnim listovima (књига са слободним листовима)	kniha s voľnými listami	lösbladsbok
karta główna	ficha principal	fişă principală	glavni katološki listić (главни каталошки листић)	hlavný lístok	huvudkort
manuskrypt rękopis	manuscrito	manuscris original.	rukopis (рукопис)	rukopis	handskrift
mapa	mapa geográfico	hartă	geografska karta (географска карта)	(zemepisná) mapa	karta
margines	margem	margine	margina (маргина)	okraj	marginal
skład	composição	cules zaţ	slog (слог)	sadzba	sättning
memorial pamiętnik	memorandum nota	memorial memorandum	spomenica (споменица) memorandum (меморандум)	pamätný spis	minnesskrift

	ENGLISH Anglica	FRENCH Gallica	GERMAN Germanica	RUSSIAN Russica	SPANISH Hispanica
197	**memoirs** *pl.*	mémoires *pl.*	Memoiren Erinnerungen *pl.*	memuary (мемуары) *pl.* vospominanija (воспоминания) *pl.*	memorias *pl.*
	memorandum **→memoir**				
	memorial **→memoir**				
198	**memorial speech**	discours commé- moratif	Gedächtnisrede	nadgrobnaja reč' (надгробная речь)	discurso conme- morativo
199	**memorial volume** **(festschrift)**	hommage à . . . mélanges *pl.* offerts à . . .	Festschrift	jubilejnyj sbornik (юбилейный сборник)	en honor de . . . volumen conmemora- tivo homenaje a . . .
200	**microfilm**	microfilm	Mikrofilm	mikrofil'm (микрофильм) mikroplenka (микропленка)	microfilme
201	**miniature**	miniature	Miniatur	miniatjura (миниатюра)	miniatura
202	**minutes** *pl.* **(record**[2] **report**[2]**)**	procès-verbal	Protokoll	protokol (протокол)	acta de la sesión
203	**miscellanea** *pl.* **(miscellany** **miscellaneous** **writings)**	miscellanea mélanges *pl.* miscellanées *pl.*	Miszellen *pl.* Miszellaneen *pl.*	raznoe (разное)	miscelánea *pl.*
	miscellaneous **writings** **→miscellanea**				
	miscellany **→miscellanea**				
	misprint **→printer's error**				
204	**monograph(y)**	monographie	Monographie	monografija (монография)	monografía

BULGARIAN Bulgarica	CROATIAN Croatica	CZECH Bohemica	DANISH Danica	DUTCH Hollandica	FINNISH Fennica
memoari (мемоари) *pl.* spomeni (спомени) *pl.*	memoari *pl.*	paměti *pl.*	memoirer *pl.* erindringer *pl.*	memoires *pl.* herinneringen *pl.*	memoaarit *pl.* muistelmat *pl.*
vâzpomenatelna reč (възпоменателна реч)	posmrtni govor spomen-slovo	chvalořeč připomínková řeč	mindetale	lijkrede	ruumissaarna
jubileen sbornik (юбилеен сборник)	spomenica spomen-knjiga	památník slavnostní vydání	mindeskrift	feestbundel	juhlakirja muistojulkaisu
mikrofilm (микрофилм)	mikrofilm	mikrofilm	mikrofilm	mikrofilm	mikrofilmi
miniatjura (миниатюра)	minijatura	miniatura	miniatur	miniatuur	pienoiskuva pienoismaalaus
protokol (протокол)	zapisnik protokol	protokol	forhandlinger protokol	verslag protocol	pöytäkirja
razni (разни) *pl.*	različit miscelanea *pl.*	smíšený smíšenina	blandet blandinger *pl.*	verspreide opstellen gemengd	sekalasia
monografija (монография)	monografija	monografie	monografi	monografie	monografia

	GREEK Graeca	HUNGARIAN Hungarica	ITALIAN Italica	LATIN Latina	NORWEGIAN Norvegica
197	apomnemoneumata *(ἀπομνημονεύματα) pl.*	emlékezések *pl.*	memorie *pl.* ricordi *pl.*	memoriae *pl.* commemorationes *pl.*	erindringer *pl.* memoarer *pl.*
198	logos epitaphios *(λόγος ἐπιτάφιος)* epikedeios logos *(ἐπικήδειος λόγος)*	emlékbeszéd	commemorazione necrologia	laudatio (funebris) commemoratio	minnetale
199	iobilaia sylloge *(ἰωβιλαία συλλογή)*	emlékkönyv	pubblicazione commemorativa in onore . . .	liber memorialis ad honorem . . . libellus commentarius in memoriam . . .	minnebok minneskrift
200	mikrophilm *(μικροφίλμ)*	mikrofilm	microfilm	taeniola photographica microfilm	mikrofilm
201	mikrographia *(μικρογραφία)* miniatura *(μινιατούρα)*	miniatúra	miniatura	miniatura	miniatyr
202	praktika *(πρακτικά) pl.*	jegyzőkönyv	processo verbale protocollo	tabulae protocollum regestrum	protokoll
203	syngrammata mikta *(συγγράμματα μικτά) pl.*	vegyes (cikkek *pl.*)	diverso miscellanea *pl.*	mixtus miscellanea *pl.*	blandet
204	monografia *(μονογραφία)*	monográfia	monografia	monographia	monografi

POLISH Polonica	PORTUGUESE Portugallica	RUMANIAN Rumenica	SERBIAN Servica	SLOVAK Slovaca	SWEDISH Suecica
wspomnienie	memórias *pl.*	memorii *pl.* amintiri *pl.*	memoari (мемоари) *pl.*	rozpomienky *pl.*	memoarer *pl.*
mowa ku uczczeniu pamięci	necrológio	cuvîntare comemorativă	posmrtni govor (посмртни говор) spomen-slovo (спомен-слово)	reč na pamiatku niekoho	minnestal
księga pamiątkowa memoriał wydawnictwo jubileuszowe	publicação comemorativa	ediţie festivă/ /omagială omagiu	spomenica (споменица) spomen-knjiga (спомен-књига)	pamätná kniha pamätnica	festskrift
mikrofilm	microfilme	microfilm	mikrofilm (микрофилм)	mikrofilm	mikrofilm
miniatura	miniatura	miniatură	minijatura (минијатура)	drobnomaľba miniatúra	miniatyr
protokół	protocolo	proces-verbal protocol	zapisnik (записник) protokol (протокол)	zápisnica protokol	protokoll förhandlingar *pl.*
mieszany miscellanea *pl.*	miscelânea vária	amestecat divers miscelanee *pl.*	mešovit (мешовит) različit (различит)	zmiešaný rôzne rozličný	blandad blandade skrifter *pl.* allehanda
monografia	monografia	monografie	monografija (монографија)	monografia	monografi

	ENGLISH Anglica	FRENCH Gallica	GERMAN Germanica	RUSSIAN Russica	SPANISH Hispanica
	multilingual →polyglot				
	municipal library →city library				
205	**music**	musique	Musik	muzyka (музыка)	música
206	**name**	nom	Name	imja (имя) familija (фамилия)	nombre apellido
207	**national library**	bibliothèque nationale	Staatsbibliothek	nacional'naja biblioteka (национальная библиотека)	biblioteca nacional
	necrology →obituary notice				
208	**new (recent)**	neuf récent	neu jüngst	novyj (новый)	nuevo reciente
209	**newspaper (journal gazette)**	journal gazette	Zeitung	gazeta (газета) ežednevnik (ежедневник)	diario gaceta
210	**no place no date n.p.n.d.**	sans lieu ni date s.l. n. d.	ohne Orts-und Jahresangabe o.O.u.J.	bez ukazanija mesta i goda b. m. i g. (без указания места и года б. м. и г.) bez mesta, bez goda b. m., b. g. (без места, без года б. м., б. г.)	sin lugar sin año s.l.s.a.
211	**notation**	indice de classification	Notation Bezeichnungsweise	indeksacija (индексация)	notación
212	**note[1] (comment[2])**	remarque note	Bemerkung Anmerkung Notiz Note	zamečanie (замечание) zametka (заметка) primečanie (примечание)	advertencia apuntación nota

BULGARIAN Bulgarica	CROATIAN Croatica	CZECH Bohemica	DANISH Danica	DUTCH Hollandica	FINNISH Fennica
muzika (музика)	muzika glazba	hudba	musik	muziek	musiikki
ime (име)	ime	jméno	navn	naam	nimi
narodna/ nacionalna biblioteka (народна/ национална библиотека)	narodna knjižnica	národní knihovna	nationalbibliotek	nationale bibliotheek	kansalliskirjasto
nov (нов)	nov	nový	ny	nieuw	uusi
vestnik (вестник) ežednevnik (ежедневник)	list novine	noviny *pl.* deník	avis blad dagblad	dagblad krant nieuwsblad	sanomalehti
bez mjasto i godina b. m. i g. (без място и година б. м. и г.)	bez mjesta i godine bez mj. i god.	bez místa a roku b. m. r.	uden sted og år u.s.o.å.	zonder plaats en jaar z.pl.e.j.	ilman painopaikkaa ja vuotta i.p.& v.
indeksacija (индексация)	označavanje stručno obilježavanje	notace	notation	notatie	merkkijärjestelmä merkistö
beležka (бележка) zabeležka (забележка)	napomena opaska	poznámka	anmærkning bemærkning	noot opmerking	huomautus muistutus

	GREEK Graeca	HUNGARIAN Hungarica	ITALIAN Italica	LATIN Latina	NORWEGIAN Norvegica
205	musike (μουσική)	zene	musica	musica	musikk
206	onoma (ὄνομα)	név	nome	nomen	navn
207	ethnike bibliotheke (ἐθνική βιβλιοθήκη)	országos könyvtár	biblioteca nazionale	bibliotheca nationalis	nasjonalbibliotek
208	neos (νέος)	új	nuovo recente rinnovato	novus recens	ny
209	ephemeris (ἐφημερίς)	hírlap újság	giornale gazzetta	acta diurna *pl.* diurna *pl.*	avis blad
210	aneu topu kai chronu a.t.k.ch. (ἄνευ τόπου καί χρόνου, α.τ.κ.χ.)	hely és év nélkül h.é.n.	senza luogo senza data s.l.s.d.	sine loco sine anno s.l.s.a.	uten sted uten år u.s.u.å.
211	hyposemeiosis (ὑποσημείωσις)	szakjelzet jelzet	notazione del sistema di classificazione decimale	notatio	notasjon det anvendte signeringssystem
212	scholion (σχόλιον)	megjegyzés jegyzet	osservazione nota	nota	anmerkning bemerkning

POLISH Polonica	PORTUGUESE Portugallica	RUMANIAN Rumenica	SERBIAN Servica	SLOVAK Slovaca	SWEDISH Suecica
muzyka	música	muzică	muzika (музика) glazba (глазба)	hudba	musik
imię nazwa nazwisko	nome	nume	ime (име)	meno	namn
biblioteka narodowa	biblioteca nacional	bibliotecă națională	narodna biblioteka (народна библиотека)	národná knižnica	nationalbibliotek
nowy	novo	nou	nov (нов)	nový	ny
gazeta dziennik	jornal quotidiano	ziar gazetă jurnal	list (лист) novine (новине) *pl.*	noviny *pl.* denník	tidning
bez miejsca bez roku b. m. r.	sem lugar nem data s. l. n. d.	fără loc și an f. l. ș. a.	bez mesta i godine b. m. i g. (без места и године б. м. и г.)	bez miesta a bez roku b. m. b. r.	utan ort utan år u. o. u. å.
znakowanie	notação	notație	indeksiranje (индексирање)	notácia	anmärkning
przypis uwaga	nota observação	însemnare observație	napomena (напомена) opaska (опаска)	poznámka	anmärkning

	ENGLISH Anglica	FRENCH Gallica	GERMAN Germanica	RUSSIAN Russica	SPANISH Hispanica
	note[2] **→annotation**				
213	**novel**	roman	Roman	roman (роман) povest' (повесть)	novela
	n.p.n.d. **→no place no date** **novelette** **→short story**				
214	**number[1]** **(figure)**	nombre numéro chiffre	Zahl	nomer (номер) cifra (цифра)	número cifra
215	**number[2]** **(copy[2])**	cahier brochure	Heft Nummer Lieferung	nomer (номер)	fascículo
	nuptial song **→bridal song**				
	obituary **→obituary notice**				
216	**obituary notice** **(obituary necrology)**	notice nécrologique obituaire necrologie	Nekrolog Nachruf	nekrolog (некролог)	necrología
217	**oblong**	oblong	quer	poperečnyj (поперечный)	oblongo
218	**of**	d' de	von aus über	iz (из)	de, desde
219	**office**	office bureau	Amt Büro	upravlenie (управление)	oficina
220	**official**	officiel	amtlich offiziell	oficial'nyj (официальный)	oficial
221	**offprint** **(reprint[1] separate)**	tirage à part tiré à part	Sonderdruck Sonderabdruck Separatabdruck	otdel'nyj ottisk (отдельный оттиск)	impreso por separado tirada/tiraje aparte

BULGARIAN Bulgarica	CROATIAN Croatica	CZECH Bohemica	DANISH Danica	DUTCH Hollandica	FINNISH Fennica
roman (роман) povest (повест)	roman	román	roman	roman	romaani
cifra (цифра) nomer (номер)	broj	číslo	tal antal nummer	getal aantal nummer	luku numero laskumerkki
knižka (книжка) svezka (свезка) broj (брой)	sveska broj	sešit číslo	hæfte nummer	heft	numero
nekrolog (некролог) skrâbna vest (скръбна вест)	nekrolog	nekrolog	nekrolog	necrologie	muistokirjoitus nekrologi
prodâlgovat (продълговат)	duguljast	podlouhlý	aflang i tværformat	oblong langwerpig	pitkulainen soikea
na (на) ot (от) za (за); vârhu (върху)	od iz	od	af	uit van	-n
služba (служба) upravlenie (управление)	služba ured	úřad služba	embede kontor	ambt	virasto virka
oficialen (официален)	zvaničan služben	úřední	officiel	officiëel ambtelijk	virallinen
otdelen otpečatâk (отделен отпечатък)	poseban/zaseban otisak separat	zvláštní otisk separát	særtryk	overdruk	ylipainos eripainos

	GREEK Graeca	HUNGARIAN Hungarica	ITALIAN Italica	LATIN Latina	NORWEGIAN Norvegica
213	mythistorema *(μυθιστόρημα)*	regény	romanzo	fabula Romanensis	roman
214	arithmos *(ἀριθμός)*	szám	numero	numerus	nummer tall
215	numero *(νούμερο)* phyllon *(φύλλον)*	füzet	fascicolo	fasciculus	hefte levering nummer
216	nekrologion *(νεκρολόγιον)*	nekrológ	necrologia	commemoratio	nekrolog
217	epimekes *(ἐπιμήκης)* enkarsios *(ἐγκάρσιος)*	haránt fekvő	oblungo	oblongus	avlang langaktig
218	apo *(ἀπό)* ek, ex *(ἐκ, ἐξ)*	-nak, -nek -tól, -től; -ból, -ből -ról, -ről	da di	ab, a ex, e de	av fra
219	hyperesia *(ὑπηρεσία)*	hivatal	ufficio	magistratus	embete kontor
220	episemos *(ἐπίσημος)*	hivatalos	ufficiale	officialis publicus	embets- offisiell
221	anatypoma *(ἀνατύπωμα)* ektaktos anatyposis *(ἔκτακτος ἀνατύπωσις)*	különlenyomat	tiratura a parte estratto	impressum separatum separatum	separatavtrykk

POLISH Polonica	PORTUGUESE Portugallica	RUMANIAN Rumenica	SERBIAN Servica	SLOVAK Slovaca	SWEDISH Suecica
romans powieść	romance	roman	roman (роман)	román	roman
liczba numer	número	număr cifră	broj (број)	číslo cifra	tal nummer
zeszyt	fasciculo	fasciculă	sveska (свеска) broj (број)	zošit	häfte nummer
nekrolog	necrológio	necrolog	nekrolog (некролог)	nekrológ	nekrolog
podłużny poprzeczny	oblongo	oblong transverzal	duguljast (дугуљаст)	podlhovastý pozdĺžny	avlång i tvärformat
od z(e)	do, da; dos, das de por	de din	od (од) iz (из)	od z zo	av om
urząd	escritório ofício	oficiu	ured (уред)	úrad	ämbete kontor tjänst
oficjalny urzędowy	oficial	oficial	zvaničan (званичан) služben (службен)	oficiálny úradný	officiell
odbitka autorska nadbitka	separata tiragem à parte	extras tragere separată	poseban/zaseban otisak (посебан/засебан отисак) separat (сепарат)	zvláštny/autorský výtlačok separát	särtryck

	ENGLISH Anglica	FRENCH Gallica	GERMAN Germanica	RUSSIAN Russica	SPANISH Hispanica
	old **→ancient**				
222	**on**	sur de	über um von auf	na (на) po (по) o(b) (об)	sobre de
	on the basis of **→based/founded on the**				
223	**only** *a.* **(sole unique)**	unique	einzig	edinstvennyj (единственный) unikal'nyj (уникальный)	único
	oration **→speech**				
224	**order[1]** **(decree)**	décret ordre	Verordnung	ukaz (указ) dekret (декрет) postanovlenie (постановление)	orden decreto
225	**order[2]**	commande	Bestellung	zakaz (заказ)	pedido
	order[3] *v.* **→arrange**				
226	**original**	original	original ursprünglich	original'nyj (оригинальный) podlinnyj (подлинный)	original
227	**original edition** **(first edition)**	édition originale /première	Originalausgabe Erstausgabe	pervoe izdanie (первое издание)	edición original/ /príncipe
228	**page**	page	Seite	stranica (страница)	página
	pagination **→paging**				
229	**paging** **(pagination)**	pagination	Paginierung	numeracija stranic (нумерация страниц) paginacija (пагинация)	paginación

BULGARIAN Bulgarica	CROATIAN Croatica	CZECH Bohemica	DANISH Danica	DUTCH Hollandica	FINNISH Fennica
na (на) po (по) vârhu (върху) za (за) vâz (въз)	o po vrh na	o ob nad na	om over på	over van op	-sta -stä
edinstven (единствен) unikalen (уникален)	jedini	jediný	enestående eneste	enig	ainoa
naredba (наредба) postanovlenie (постановление) ukaz (указ)	naredba uredba	nařízení ustanovení výnos	forordning ordre	order verordening	määräys säädös
porâčka (поръчка)	narudžbina narudžba	objednávka	bestilling	bestelling	tilaus
originalen (оригинален	originalan	původní	original	origineel	alkuperäinen
pârvo izdanie (първо издание)	prvo izdanje	první edice/vydání	originaludgave	eerste uitgave	ensipainos kantapainos
stranica (страница)	stranica	stránka	side (i bog)	bladzijde pagina	sivu
paginacija (пагинация)	paginacija	stránkování paginace	paginering	paginering nummering van der bladzijden	sivunumerointi

	GREEK Graeca	HUNGARIAN Hungarica	ITALIAN Italica	LATIN Latina	NORWEGIAN Norvegica
222	se *(σέ)* gia *(γιά)*	-on, -en, -ön -ról, -ről -ra, -re	da su sopra	de supra super	for på
223	monos *(μόνος)*	egyetlen	unico	unicus unus solus	eneste enestående
224	diatagma *(διάταγμα)*	rendelet	decreto ordinamento ordinanza	decretum edictum praescriptum	forordning
225	parangelia *(παραγγελία)*	(meg)rendelés	ordinazione	mandatio librorum	bestilling
226	prototypos *(πρωτότυπος)*	eredeti	originale	originalis	opprinnelig original
227	ekdosis prote *(ἔκδοσις πρώτη)*	eredeti kiadás első kiadás	edizione originale/principe	editio princeps/ originalis	første utgave
228	selis *(σελίς)* selida *(σελίδα)*	oldal	pagina	pagina	side
229	selidosis *(σελιδώσις)*	lapszámozás oldalszámozás	paginazione	paginatio	paginering

POLISH Polonica	POTUGUESE Portugallica	RUMANIAN Rumenica	SERBIAN Servica	SLOVAK Slovaca	SWEDISH Suecica
o z(e) na	a por para sobre, sôbre	asupra despre la	o (o) po (по) vrh (врх) na (на)	o nad na	om över på
jedyny	único	unic	jedini (једини)	jediný	enda
dekret porządek rozporządzenie	decreto ordem	decret ordin	naredba (наредба) uredba (уредба)	nariadenie príkaz	förordning
zamówienie	encomenda pedido	comandă	narudžbina (наруџбина)	objednávka	beställning
oryginalny	original	original	originalan (оригиналан)	pôvodný	original
pierwodruk pierwsze wydanie	primeira edição	ediţie princeps prima ediţie	prvo izdanje (прво издање)	prvé vydanie	första upplaga originalupplaga
strona	página	pagină	stranica (страница)	strana	sida boksida
liczbowanie paginacja	paginação	numărătoarea paginilor paginaţie	paginacija (пагинација)	stránkovanie paginácia	paginering

	ENGLISH Anglica	FRENCH Gallica	GERMAN Germanica	RUSSIAN Russica	SPANISH Hispanica
230	**panegyric**	panégyrique éloge	Lobgesang Preislied	chvalebnyj gimn (хвалебный гимн) panegirik (панегирик)	panegírico elogio
231	**paper[1]**	papier	Papier	bumaga (бумага)	papel
	paper[2] →study				
232	**paperback (paper-bound book)**	livre broché	geheftetes/broschiertes Buch Paperback	kniga v bumažnom pereplëte (книга в бумажном переплёте)	libro de rústica
233	**papyrus**	papyrus	Papyrus	papirus (папирус)	papiro
234	**paragraph**	paragraphe	Paragraph	paragraf (параграф) abzac (абзац)	párrafo
235	**parchment**	parchemin	Pergament	pergament (пергамент)	pergamino
236	**part**	partie part	Teil	časť (часть)	parte
237	**passim**	passim	passim	vezde (везде) v raznych mestach (в разных местах)	en diversos sitios
	pen-name →pseudonym				
238	**periodical[1]**	périodique[1]	periodisch	periodičnyj (периодичный) periodiceškij (периодический)	periódico
239	**periodical[2] (journal magazine)**	périodique[2] magazine	Zeitschrift	periodičeskoe izdanie (периодическое издание) žurnal (журнал) periodika (периодика)	revista periódico
	photo →photograph				

BULGARIAN Bulgarica	CROATIAN Croatica	CZECH Bohemica	DANISH Danica	DUTCH Hollandica	FINNISH Fennica
hvalebna pesen (хвалебна песен) pohvalno slovo (похвално слово)	pohvalna pjesma	chvalozpěv	lovsang	lofzang	ylistely ylistyslaulu
hartija (хартия)	papir	papír	papir	papier	paperi
izdanie s meka podvârzija (издание с мека подвързия)	broširana knjiga brošura	brožovaná kniha	hæftet bok	gebrocheerd boek niet gebonden boek paper back	nidottu kirja
papirus (папирус)	papirus	papyrus	papyrus	papyrus	papyrus
paragraf (параграф)	abzac paragraf	oddíl paragraf	paragraf	paragraaf	pykälä paragrafi
pergament (пергамент)	pergament	pergamen	pergament	perkament	pergamentti
čast (част) djal (дял)	dio	část díl	del	deel gedeelte	osa
tuk-tam (тук-там)	ovdje-ondje razbacano	passim	passim på forskellige steder	passim	hajakohdin usseissa kohdin
periodičen (периодичен)	periodičan	periodický	periodisk	periodiek	periodinen
spisanie (списание)	časopis revija	časopis revue	tidsskrift	tijdschrift periodiek	aikakauskirja aikakauslehti

	GREEK Graeca	HUNGARIAN Hungarica	ITALIAN Italica	LATIN Latina	NORWEGIAN Norvegica
230	penegyrikos (logos) *(πανηγυρικός λόγος)*	dicsőítő ének dicshimnusz	inno elogio	elogia laudatio paean	lovord lovtale
231	chartes *(χάρτης)*	papír	carta	charta	papir
232	chartodeton biblion *(χαρτοδέτον βιβλίον)*	fűzött könyv papírfedelű zsebkönyv	„brochure" brossura rilegatura alla rustica	liber vilis in tegimento/ tegumine chartaceo	uinnbundet (bok) heftet (bok) billigbok
223	papyros *(πάπυρος)*	papírusz	papiro	papyrus	papyrus
234	paragraphos *(παράγραφος)*	szakasz	paragrafo articolo	paragraphus articulus caput	avsnitt paragraf
235	pergamene *(περγαμηνή)*	pergamen	pergamena	charta pergamena	pergament
236	meros *(μέρος)*	rész	parte	pars	del
237	hekastachu *(ἑκασταχοῦ)* pantachu (πανταχοῦ)	passzim több helyütt	passim	passim	passim på forskjellige steder *pl.*
238	periodikos *(περιοδικός)*	időszaki	periodico	periodicus	periodisk
239	periodikon *(περιοδικόν)*	folyóirat	periodico rivista	commentarius periodicum ephemeris	periodika periodisk skrift tidsskrift

POLISH Polonica	PORTUGUESE Portugallica	RUMANIAN Rumenica	SERBIAN Servica	SLOVAK Slovaca	SWEDISH Suecica
pieśń pochwalna panegiryk	elogio panegírico	elogiu panegiric	pohvalna pesma (похвална песма)	oslavná báseň	lovkväde lovsång
papier	papel	hîrtie	papir (папир)	papier	papper
książka nie-oprawna	livro brochado	carte broşată	broširana knjiga (броширана књига)	brožovaná kniha brožúra	häftad bok
papyrus	papiro	papirus	papirus (папирус)	papyrus	papyrus
rozdział paragraf ustęp	parágrafo	paragraf	abzac (абзац) paragraf (параграф)	oddiel paragraf	avdelning paragraf
pergamin	pergaminho	pergament	pergament (пергамент	pergamen	pergament
część dział	parte	parte	deo (део)	časť diel	del stycke
passim	a cada passo	passim	ovde-onde (овде-онде) razbacano (разбацано)	tu i tam passim roztratene	här och där passim på spridda ställen
periodyczny	periódico	periodic	periodičan (периодичан)	periodický	periodisk
czasopismo	periódico revista	revistă	časopis (часопис) revija (ревија)	časopis	periodisk skrift tidskrift

	ANGLICA Anglica	FRENCH Gallica	GERMAN Germanica	RUSSIAN Russica	SPANISH Hispanica
240	**photograph (photo)**	photographie	Photographie	foto(grafija) (фотография) fotosnimok (фотоснимок)	fotografia
	phototype →collotype				
241	**picture (figure illustration)**	image figure	Bild Abbildung Figur	kartinka (картинка) illjustracija (иллюстрация) risunok (рисунок)	imagen ilustración figura
242	**piece**	pièce	Stück	štuka (штука)	pieza
243	**place**	lieu	Ort	mesto (место)	lugar
244	**plagiarism**	plagiat	Plagiat	plagiat (плагиат)	plagio
245	**plate**	planche	Tafel Bildtafel	tablica (таблица) vkladnoj list (вкладной лист)	lámina plancha
246	**play (drama)**	pièce (de théâtre) drame	Schauspiel Bühnenwerk Drama	p'esa (пьеса) drama (драма)	pieza de teatro drama
247	**pocket-book (pocket-companion)**	édition de poche	Taschenbuch	karmannyj spravočnik (карманный справочник) rukovodstvo (руководство)	libreta librito
248	**poem (verse)**	vers poème	Dichtung	stich (стих) stichotvorenie (стихотворение)	verso poema
249	**poet**	poète	Dichter	poėt (поэт)	poeta
250	**poetry**	poésie	Poesie	poėzija (поэзия)	poesía

BULGARIAN Bulgarica	CROATIAN Croatica	CZECH Bohemica	DANISH Danica	DUTCH Hollandica	FINNISH Fennica
foto(grafija) (фотография) snimka (снимка)	fotografija	fotografie	fotografi	fotografie	valokuva
kartina (картина) risunka (рисунка) obraz (образ) figura (фигура)	ilustracija slika	obraz vyobrazení ilustrace	billede illustration figur afbildning	illustratie afbeelding	illustraatio kuva
parče (парче) broj(ka) (бройка)	komad parče	kus	stykke	stuk	kappale
mjasto (място)	mjesto	místo	sted	plaats	paikka
plagiat (плагиат)	plagijat književna krada	plagiát	plagiat	plagiaat	kirjallinen varkaus plagiaatti
tablica (таблица)	tablica tabela	tabule	planche tavle	plaat tafel	taulu
piesa (пиеса) drama (драма)	kazališni komad drama	činohra drama	drama skuespil	toneelstuk drama	draama näytelmä
džoben spravočnik (джобен справочник)	priručnik	příručka rukověť	håndbog	naslagwerk handleiding	taskukirja
stihotvorenie (стихотворение)	stih pjesma	báseň	digt digtning	gedicht vers	runo runoelma runous
poet (поет)	pjesnik	básník	digter	dichter	runoilija
poezija (поезия)	poezija pjesništvo	básnictví poezie	poesi	poëzie	runous

	GREEK Graeca	HUNGARIAN Hungarica	ITALIAN Italica	LATIN Latina	NORWEGIAN Norvegica
240	photographia *(φωτογραφία)*	fénykép	fotografia	photographia	fotografi
241	eikon *(εἰκών)* eikonographia *(εἰκονογραφία)*	kép illusztráció ábra	illustrazione immagine figura	illustratio imago figura	avbilde bilde illustrasjon
242	kommati *(κομμάτι)*	darab	pezzo	pars	stykke
243	topos *(τόπος)*	hely	luogo	locus	plass sted
244	logoklope *(λογοκλοπή)* logoklopia *(λογοκλοπία)*	plágium	plagio	plagium	plagiat plagiering
245	pinax *(πίναξ)*	képtábla	tavola	tabula	plansje plate tavle
246	theatrikon ergon *(θεατρικόν ἔργον)* drama *(δρᾶμα)* theama *(θέαμα)*	színmű színdarab dráma	dramma	drama fabula theatralis	drama skuespill
247	encheiridion *(ἐγχειρίδιον)*	zsebkönyv	taccuino	enchiridion compendium vademecum liber forma minore	håndbok lommebok
248	poiema *(ποίημα)*	költemény	opera poetica poema verso	versus poëma	dikt
249	poietes *(ποιητής)*	költő	poeta	poëta	dikter
250	poiesis *(ποίησις)*	költészet	poesia	ars poëtica poësis	dikt diktekunst diktning poesi

POLISH Polonica	PORTUGUESE Portugallica	RUMANIAN Rumenica	SERBIAN Servica	SLOVAK Slovaca	SWEDISH Suecica
fotografia zdjęcie	fotografia	fotografie	fotografija (фотографија)	fotografia	fotografi
ilustracja obraz figura rysunek	figura ilustração imagem	ilustraţie imagine figură	slika (слика) ilustracija (илустрација)	obraz ilustrácia	illustration bild figur
sztuka	peça pedaço	bucată	komad (комад) parče (парче)	kus	stycke
miejsce	lugar	loc	mesto (место)	miesto	ort
plagiat	plágio	plagiat	plagijat (плагијат)	plagiát	plagiat
tablica	tábua	planşă	tablica (таблица) tabela (табела)	tabuľa	plansch
sztuka teatralna utwór drama- tyczny	drama	dramă	pozorišni komad (позоришни комад) drama (драма)	činohra dráma	drama skådespel
poradnik	livro de notas livro portátil	memorator mic manual	priručnik (приручник)	príručka rukoväť	anteckningsbok
wiersz	poema verso	vers poem	stih (стих) pesma (песма)	báseň	dikt
poeta	poeta	poet	pesnik (песник)	básnik	diktare skald författare
poezja	poema poesia	poezie	poezija (поезија) pesništvo (песништво)	básnictvo poézia	poesi skaldekonst

	ENGLISH Anglica	FRENCH Gallica	GERMAN Germanica	RUSSIAN Russica	SPANISH Hispanica
251	**polemic (polemical treatise controversial pamphlet)**	écrit polémique polémique	Polemik Streitschrift	polemičeskaja stat'ja (полемическая статья)	polémica opúsculo polémico
	polemical treatise →polemic				
252	**polyglot (multilingual)**	polyglotte multilingue	mehrsprachig polyglott Polyglott	mnogojazyčnyj (многоязычный) poliglot (полиглот)	poligloto
253	**portrait**	portrait	Porträt Bildnis	portret (портрет)	retrato
254	**posthumous**	posthume	postum	posmertnyj (посмертный)	póstumo
255	**postscript**	post-scriptum	Nachschrift	postskriptum (постскриптум) pripiska (приписка)	posdata
256	**preface (foreword)**	préface avant-propos propos liminaire	Vorwort Vorrede	predislovie (предисловие)	prefacio
257	**prepare**	préparer	vorbereiten	prigotovljat' (приготовлять) podgotavlivat' (подготавливать)	preparar
258	**prescription (instructions)**	prescription	Vorschrift	predpisanie (предписание)	prescripción reglamento
259	**president (chairman)**	président	Präsident	predsedatel' (председатель) prezident (президент)	presidente
260	**press[1]**	presse	Presse	pečat' (печать) pressa (пресса)	prensa
	press[2] →printing office				
	principal →chief				

BULGARIAN Bulgarica	CROATIAN Croatica	CZECH Bohemica	DANISH Danica	DUTCH Hollandica	FINNISH Fennica
diskusija (дискусия) polemika (полемика)	polemičan spis	polemický spis polemika	ordstrid strid	dispuut polemiek	poleeminen kirjoitus väittelykirjoitus
mnogoezičen (многоезичен) poliglot (полиглот)	mnogojezičan	několikajazyčný polyglotní	flersproget polyglot	veeltalig	monikielinen polyglotti
portret (портрет)	portret	portrét	portræt	portret	muotokuva
posmârten (посмъртен)	posmrtni	postmrtný	efterladt posthum	postuum	postuumi kuoleman jälkeen julkaistu
poslepis (послепис) pripiska (приписка)	dodatak postskriptum	douška přípisek	efterskrift postskriptum	naschrift	jälkipuhe jälkikirjoitus postskriptumi
predgovor (предговор)	predgovor	předmluva úvod	indledning	voorwoord voorrede	johdanto alkulause
prigotvjam (приготвям) podgotvjam (подготвям)	pripraviti pripremiti	připravit uchystat	forberede	voorbereiden	valmistaa valmistella
predpisanie (предписание)	pravilo propis	předpis pravidlo	regel reglement	voorschrift regel reglement	ohje sääntö
predsedatel (председател)	predsjednik	předseda president	præsident	president voorzitter	presidentti
pečat (печат) presa (преса)	tisak štampa	tisk	pressen	druk pers	paino

	GREEK Graeca	HUNGARIAN Hungarica	ITALIAN Italica	LATIN Latina	NORWEGIAN Norvegica
251	polemike (πολεμική)	vita(irat)	polemica	disputa disputatio	ordstrid polemikk
252	polyglossos (πολύγλωσσος)	többnyelvű	poliglotto	multilinguis polyglottus	flerspråklig polyglot
253	portraito (πορτραῖτο) prosopografia (προσωπογραφία)	arckép	ritratto	imago effigies	portrett
254	metathanatios (μεταθανάτιος)	posztumusz	postumo	posthumus	etterlatt posthum
255	hysterographon (ὑστερόγραφον)	utóirat	poscritto	postscriptum	etterskrift
256	prologos (πρόλογος) prolegomena (προλεγόμενα)	előszó	prefazione	praefatio prooemium	forord
257	paraskeuazo (παρασκευάζω) proetoimazo (προετοιμάζω)	előkészít	preparare	parare praeparare	forberede
258	diatage (διαταγή) kanon (κανών) horos (ὅρος)	előíras szabály	regola(mento)	formula praescriptum praeceptum regula	forskrift regel
259	proedros (πρόεδρος)	elnök	presidente	praeses	formann president
260	typos (τύπος) piesterion (πιεστήριον)	sajtó	pressa stampa	prelum typographicum acta diurna *pl.*	presse trykk

POLISH Polonica	PORTUGUESE Portugallica	RUMANIAN Rumenica	SERBIAN Servica	SLOVAK Slovaca	SWEDISH Suecica
polemika	polêmica	scriere polemică	polemičan spis (полемичан спис)	polemický spis polemika	dispyt ordstrid polemik
wielojęzyczny	poliglota	poliglot	mnogojezičan (многојезичан)	viacjazyčný viacrečový	polyglott
portret	retrato	portret	portret (портрет)	portrét	porträtt
pośmiertny	póstumo	postum	posmrtni (посмртни)	posmrtný	efterlämnad postum
dopisek postscriptum	pós-escrito	post-scriptum	dodatak (додатак) postskriptum (постскриптум)	postskriptum	efterskrift
przedmowa słowo wstępne wstęp	prefácio proémio	prefaţă	predgovor (предговор)	predslov	förord företal
przygotować	preparar	pregăti	pripraviti (приправити) pripremiti (припремити)	pripraviť prichystať	förbereda
przepis zasada reguła	prescrição	prescripţie regulă regulament instrucţie	propis (пропис) pravilo (правило)	predpis pravidlo	föreskrift reglement regel
przewodniczący prezes	presidente	preşedinte	predsednik (председник)	predseda prezident	president
prasa	imprensa prensa	presă tipar	štampa (штампа) tisak (тисак)	tlač	press

	ENGLISH Anglica	FRENCH Gallica	GERMAN Germanica	RUSSIAN Russica	SPANISH Hispanica
261	**print[1]**	imprimer tirer	drucken	pečatať (печатать) ottiskivať (оттискивать)	imprimir estampar
	print[2] **→printed matter impression**				
262	**printed matter** **(print[2])**	imprimé	Drucksache	pečatnoe (печатное)	impreso impresión
263	**printed music**	musique imprimée	Musikalien *pl.* Noten *pl.*	noty (ноты) *pl.* muzykalnoe izdanie (музыкальное издание)	partitura
264	**printer**	imprimeur	Buchdrucker Drucker	tipograf (типограф) pečatnik (печатник)	impresor
265	**printer's error** **(misprint typographical error)**	erreur/faute typographique	Druckfehler	opečatka (опечатка)	error de imprenta error tipográfico
	printing→ impression				
266	**printing office** **(press)**	imprimerie	Druckerei Druckerwerkstatt	tipografija (типография)	imprenta tipografia
	proceedings **→transactions**				
	proof→correction				
267	**prose**	prose	Prosa	proza (проза)	prosa
268	**provide (with)** **(supply)**	pourvoir munir	versehen	snabžať (снабжать)	proveer
269	**pseudonym** **(pen-name)**	pseudonyme nom de plume	Pseudonym	psevdonim (псевдоним)	seudónimo
	publication→edition				
	publication discontinued→ ceased publication				

BULGARICAN Bulgarica	CROATIAN Croatica	CZECH Bohemica	DANISH Danica	DUTCH Hollandica	FINNISH Fennica
pečatam (печатам) otpečatvam (отпечатвам)	tiskati štampati	tisknout	trykke	drukken	painaa
pečatno (proizvedenie) (печатно произведение)	tiskanica otisak	tisk otisk	tryksag præg	drukwerk	painotuote
notni izdanija (нотни издания) *pl.*	note tiskane muzikalije *pl.*	hudebniny *pl.*	musikalier *pl.* noder *pl.*	muziekboeken *pl.*	nuotit sävelmäjulkaisu
pečatar (печатар)	tiskar štampar	knihtiskař	bogtrykker	trykfeil drukker	kirjanpainaja painaja
pečatna greška (печатна грешка)	tiskarska pogreška	ţisková chyba	trykfejl	drukfout	painovirhe
pečatnica (печатница)	tipografija štamparija	tiskárna	trykkeri bogtrykkeri	drukkerij	paino kirjapaino
proza (проза)	proza	próza	prosa	proza	proosa
snabdjavam (снабдявам)	snabdjeti	vybavit opatřit	forsyne	voorzien verzorgen	varustaa
psevdonim (псевдоним)	pseudonim	pseudonym	pseudonym forfatternavn	pseudoniem	salanimi pseudonyymi

	GREEK Graeca	HUNGARIAN Hungarica	ITALIAN Italica	LATIN Latina	NORWEGIAN Norvegica
261	ektypono (ἐκτυπώνω) typono (τυπώνω)	nyom (ki)nyomtat	imprimere stampare tirare	imprimere	trykke
262	entypon (ἔντυπον)	nyomtatvány	stampato	exemplar typis exscriptum impressum	trykksaker
263	partitura (παρτιτούρα)	kotta (nyomtatott) hangjegy zenemű	musica a stampa	nota musica impressa	musikalier *pl.* noter *pl.*
264	typographos (τυπογράφος)	nyomdász	tipografo stampatore	typographus	boktrykker
265	typographikon lathos (τυπογραφικόν λάθος)	sajtóhiba	errore di stampa	erratum typographicum	trykkfeil
226	typographeion (τυπογραφεῖον) typographia (τυπογραφία)	nyomda könyvnyomda	tipografia stamperia	officina typographica typographia	boktrykkeri trykkeri
267	pezos logos (πεζός λόγος)	próza	prosa	prosa	prosa
268	ephodiazo (ἐφοδιάζω) parecho (παρέχω)	ellát	provvedere	instruere	forsyne med ....
269	pseudonymon (ψευδώνυμον)	álnév	pseudonimo	pseudonymus	(antaget) forfatternavn pseudonym

POLISH Polonica	PORTUGUESE Portugallica	RUMANIAN Rumenica	SERBIAN Servica	SLOVAK Slovaca	SWEDISH Suecica
drukować	estampar	imprima tipări	štampati (штампати) tiskati (тискати)	tlačiť	trycka
dru(cze)k	impressão	imprimat tipăritură	tiskanica (тисканица) otisak (отисак)	odtlačok tlačivo	tryckalster trycksak
nuty *pl.* wydawnictwo nutowe	partitura	note imprimate *pl.*	muzikalije (музикалије) *pl.*	hudobniny *pl.*	musikalier *pl.*
drukarz	impressor	tipograf	štampar (штампар)	tlačiar	tryckeri tryckare
błąd drukarski	falha tipográfica	greşeală de tipar	štamparska greška (штампарска грешка)	tlačová chyba	tryckfel
drukarnia	imprensa tipografia	tipografie imprimerie	štamparija (штампарија) tipografija (типографија)	tlačiareň	tryckeri
proza	prosa	proză	proza (проза)	próza	prosa
przejrzeć	prover	înzestra	snabdeti (снабдети)	vybaviť opatriť zásobiť	förse
pseudonim	pseudónimo	pseudonim	pseudonim (псеудоним)	pseudonym	pseudonym

	ENGLISH Anglica	FRENCH Gallica	GERMAN Germanica	RUSSIAN Russica	SPANISH Hispanica
270	**public library**	bibliothèque publique bibliothèque de lecture publique	Volksbibliothek	publičnaja/ massovaja biblioteka (публичная/ массовая библиотека)	biblioteca (de lectura) pública
271	**publish**	publier éditer	verlegen	izdavat' (издавать)	publicar editar
272	*be* **published** (**appear** **come out**)	paraître	erscheinen	izdavat'sja (издаваться) vychodit' (выходить)	publicarse salir
273	**publisher**[1]	éditeur	Verleger	izdatel'	editor
	publisher[2] →**publishing house**				
274	**publishing house** (**publisher**[2])	maison d'édition	Verlagsanstalt Verlag	izdatel'stvo (издательство)	casa editora editorial
275	**rare** (**scarce**)	rare	selten	redkij (редкий)	raro
	recent→**new**				
276	**record**[1] (**gramophone record**)	disque	Schallplatte	grammofonnaja plastinka (граммофонная пластинка)	disco
	record[2] →**minutes**				
	record office →**archives**				
277	**recto** (**right-hand page**)	recto belle page	Recto Vorderseite Schauseite	pravaja/nečëtnaja stranica (правая/нечётная страница)	recto
	reference book →**reference work**				

BULGARIAN Bulgarica	CROATIAN Croatica	CZECH Bohemica	DANISH Danica	DUTCH Hollandica	FINNISH Fennica
obštoobrazovatelna/masova biblioteka (общообразователна/масова библиотека)	javna knjižnica	lidová knihovna	folkebibliotek	openbare bibliotheek	yleinen kirjasto
izdavam (издавам)	izdavati	vydávat	forlægge	uitgeven	kustantaa
izlizam (излизам) izdavam se (издавам се)	objavljivati izlaziti	vycházet vyjít	udkomme	verschijnen	ilmestyä
izdatel (издател)	izdavać	vydavatel nakladatel	forlægger	uitgever	kustantaja
knigoizdatelstvo (книгоиздателство)	nakladno poduzeće	nakladatelství vydavatelství	forlag	uitgeverij	kustannusliike
rjadâk (рядък)	rijedak	vzácný	sjælden	zeldzaam	harvinainen
gramofonna ploča (грамофонна плоча)	gramofonska ploča	gramofonová deska	grammofonplade	grammofoonplaat	äänilevy
lice na list (лице на лист)	prva strana	přední strana recto	forside	voorzijde recto eerste bladzijde	(lehden) etusivu

	GREEK Graeca	HUNGARIAN Hungarica	ITALIAN Italica	LATIN Latina	NORWEGIAN Norvegica
270	laïke biliotheke *(λαϊκή βιβλιοθήκη)*	közművelődési könyvtár népkönyvtár közkönyvtár	biblioteca pubblica	bibliotheca popularis	folkebibliotek
271	ekdido *(ἐκδίδω)* demosieuo *(δημοσιεύω)*	kiad	pubblicare	edere publicare	forlegge utgive
272	ekdidomai *(ἐκδίδομαι)* ektyponomai *(ἐκτυπώνομαι)*	megjelenik	uscire essere pubblicato	edi publicari	utkomme
273	ekdotes *(ἐκδότης)*	kiadó könyvkiadó	editore	editor redemptor	forlegger utgiver
274	ekdotikos oikos *(ἐκδοτικός οἶκος)*	kiadóvállalat könyvkiadó vállalat	casa editrice	aedes librariae editor	forlag
275	spanios *(σπάνιος)*	ritka	raro	rarus	sjelden
276	diskos *(δίσκος)*	hanglemez	disco	discus grammophonii	grammofonplate
277	pleura prote *(πλευρά πρώτη)*	rektó	recto	recto	forside

POLISH Polonica	PORTUGUESE Portugallica	RUMANIAN Rumenica	SERBIAN Servica	SLOVAK Slovaca	SWEDISH Suecica
publiczna biblioteka powszechna	biblioteca (de leitura) pública	bibliotecă populară	javna biblioteka (јавна библиотека)	ľudová knižnica	folkbibliotek
wydawać	publicar	edita	izdavati (издавати)	vydávať	förlägga
ukazać się	aparecer sair	ieşi de sub tipar publica, se	objavljivati (објављивати) izlaziti (излазити)	vychádzať vyjsť	utkomma
wydawcą	editor	editor	izdavač (издавач)	vydavateľ nakladateľ	förläggare
wydawnictwo	casa editora	editură	izdavačko preduzeće (издавачко предузеће)	vydavateľstvo	bokförlag förlag
rzadki	raro	rar	redak (редак)	vzácny	sällsynt
płyta	disco	disc	gramofonska ploča (грамофонска плоча)	gramofónová platňa	grammofonskiva
recto	anverso recto	faţă recto	prva strana (прва страна)	lícna/prvá strana	framsida högersida recto

	ENGLISH Anglica	FRENCH Gallica	GERMAN Germanica	RUSSIAN Russica	SPANISH Hispanica
278	**reference card (cross-reference card)**	fiche de renvoi	Verweisungszettel Verweiszettel	ssyločnaja kartočka (ссылочная карточка) ssylka (ссылка)	ficha de referencia
279	**reference library**	bibliothèque de consultation sur place bibliothèque de référence	Handbücherei Präsenzbibliothek Nachschlagebibliothek	spravočnaja biblioteka (справочная библиотека)	biblioteca de consulta biblioteca de referencia
280	**reference work (reference book)**	ouvrage de référence	Nachschlagewerk	spravočnik (справочник)	obra de consulta
281	**refutation**	réfutation	Widerlegung	oproverženie (опровержение)	refutación
	regulation →statute				
	register →list, index				
	reissue →reprint[1]				
	remains *pl.* **→literary remains**				
	removal slip →temporary card				
282	**repertory**	répertoire	Repertorium	ukazatel' (указатель)	repertorio
283	**report[1] (account)**	rapport bulletin	Bericht	doklad (доклад) otčët (отчёт) soobščenie (сообщение)	relación relato informe
	report[2] →minutes				
284	**represent (illustrate)**	illustrer figurer	abbilden	illjustrirovat' (иллюстрировать) izobražat' (изображать)	ilustrar figurar

BULGARIAN Bulgarica	CROATIAN Croatica	CZECH Bohemica	DANISH Danica	DUTCH Hollandica	FINNISH Fennica
prepratka (препратка)	uputnica uputni listić	odkazový lístek	henvisningskort	verwijzingskaart	viitekortti viittauskortti
podrâčna/ spravočna sbirka (подръчна/ справочна сбирка)	priručna biblioteka	příruční knihovna	håndbibliotek	handbibliotheek	käsikirjasto
spravočna kniga (справочна книга) spravočnik (справочник)	priručno djelo priručna knjiga	příručkové dílo	referencearbejde	naslagwerk	hakuteos käsikirja
oproverženie (опровержение)	opovrgnuće demanti	vyvrácení dementi	gendrivelse	tegenspraak weerlegging	vastatodistus
repertoar (репертоар)	repertoar	repertorium rejstřík	repertoire	repertorium	repertorio
doklad (доклад) otčet (отчет)	izveštaj referat	referát zpráva	beretning rapport	bericht mededeling rapport	ilmoitus kertomus selonteko selostus
iljustriram (илюстрирам) izobrazjavam (изобразявам)	predstavljati prikazivati	vyobrazit znázornit	illustrere fremstille	voorstellen	esittää kuvata

	GREEK Graeca	HUNGARIAN Hungarica	ITALIAN Italica	LATIN Latina	NORWEGIAN Norvegica
278	deltion anaphoras/ parapemptikon (δεκτίον ἀναφορᾶς/ παραπεμπτικόν)	utalócédula	scheda di rinvio	charta/scida referentiae	henvisningskort
279	procheiros bibliotheke (πρόχειρος βιβλιοθήκη)	kézikönyvtár	consultazione	bibliotheca manualis	håndbib:lotek
280	boethema (βοήθημα)	tájékoztatási segédlet referenszkönyv referenszmű	opera di consultazione	manuale refentiae liber auxiliarius	referansearbeid referanseverk
281	diapseusis (διάψευσις)	cáfolat	confutazione	confutatio refutatio	dementi gjendrivelse
282	heureterion (εὑρετήριον)	repertórium	repertorio	repertorium	repertoar
283	anaphora (ἀναφορά) angelia (ἀγγελία	jelentés	rapporto relazione	indicium refer(a)tum	forhandlinger innberetning rapport referat
284	apeikonizo (ἀπεικονίζω) diagrapho (διαγράφω) perigrapho (περιγράφω)	ábrázol	illustrare raffigurare rappresentare	describere	avbilde forme framstille

POLISH Polonica	**PORTUGUESE** Portugallica	**RUMANIAN** Rumenica	**SERBIAN** Servica	**SLOVAK** Slovaca	**SWEDISH** Suecica
odsyłacz karta odsyłaczowa	ficha remissiva	fişă de trimitere	uputni kataloški listić (упутни каталошки листић)	odkazový lístok	hänvisningskort
księgozbiór podręczny	biblioteca de referência/ consulta	bibliotecă de consultaţie	priručna biblioteka (приручна библиотека)	príručná knižnica	referensbibliotek
wydawnictwo informacyjne	obra de referência	carte de referinţă	priručnik (приручник)	príručkové dielo	uppslagsverk
odparcie	refutação	refutare refutaţie	opovrgavanje (оповргавање) demanti (деманти)	vyvrátenie dementi	vederläggning
repertorium	repertorio	repertoriu	repertoar (репертоар)	repertoár	repertoar
referat sprawozdanie	boletim	dare de seamă raport	izveštaj (извештај) referat (реферат)	správa	berättelse meddelande rapport
ilustrować	figurar ilustrar	ilustra reprezenta înfăţişa	ilustrovati (илустровати)	zobraziť znázorniť	illustrera

	ENGLISH Anglica	FRENCH Gallica	GERMAN Germanica	RUSSIAN Russica	SPANISH Hispanica
285	**reprint**[1] **(reissue)**	réimpression reproduction	Nachdruck Neudruck Wiederabdruck	pereizdanie (переиздание)	reimpresión reproducción
	reprint[2] →**offprint**				
286	**reproduction (duplication)**	reproduction	Reproduktion	reprodukcija (репродукция) razmnoženie (размножение)	reproducción
	resume →**summarize**				
287	**review** *n.*	chronique revue	Rundschau	obzor (обзор) obozrenie (обозрение)	revista
288	**review** *v.*	rendre compte (de) recenser	besprechen rezensieren	recenzirovať (рецензировать)	reseñar
289	**revise**[1]	reviser revoir	revidieren	peresmatrivať (пересматривать) proverjať (проверять)	revisar
	revise[2] →**rewrite**				
290	**revision**	révision	Revision	peresmotr (пересмотр) proverka (проверка)	revisión
291	**rewrite (revise rework)**	remanier refondre retravailler	umarbeiten überarbeiten	pererabatyvať (перерабатывать)	refundir
	right-hand page →**recto**				
292	**running title (running headline/ head)**	titre courant	lebender Kolumnentitel Seitenüberschrift laufender Titel	kolontitul (колонтитул) kolontituľnaja stroka (колонтитульная строка)	título actual
	saying →**adage**				

BULGARIAN Bulgarica	CROATIAN Croatica	CZECH Bohemica	DANISH Danica	DUTCH Hollandica	FINNISH Fennica
novo (stereotipno) izdanie (ново стереотипно издание) prepečatvane (препечатване) preizdavane (преиздаване)	pretisak	otisk přetisk	optryk	herdruk nadruk	jälkipainos uusi painos
reprodukcija (репродукция) razmnožavane (размножаване)	reprodukcija	reprodukce rozmnožování	reproduktion	reproductie vermenigvuldiging	jäljennys monistus
pregled (преглед)	pregled	revue	revu	overzicht revue	katsaus
razgleždam (разглеждам) recenziram (рецензирам)	recenzirati prikazati	recenzovat posuzovat	anmelde recensere	recenseren	arvostella selostaa
pregleždam (преглеждам) reviziram (ревизирам)	pregledati	revidovat přehlédnout	revidere gennemse	nazien herzien	tarkastaa
pregled (преглед) revizija (ревизия)	pregled	revize přehlédnutí	revision	herziening	tarkistus tarkastus
prerabotvam (преработвам)	preraditi	přepracovat upravit	bearbejde omarbejde	omwerken	muokata uusia
kolontitul (колонтитул)	tekući naslov	průběžný název	levende kolumnetitel	kolomtitel paginatitel	vaihtuva sivu(n)-otsikko elävä sivu(n)-otsikko

	GREEK Graeca	HUNGARIAN Hungarica	ITALIAN Italica	LATIN Latina	NORWEGIAN Norvegica
285	anatyposis *(ἀνατύπωσις)* metatyposis *(μετατύπωσις)*	utánnyomás	ristampa	reimpressum	avtrykk opptrykk
286	anatypoma *(ἀνατύπωμα)* anaplasis *(ἀνάπλασις)*	reprodukció sokszorosítás	riproduzione	multiplicatio reproductio	reproduksjon
287	anaskopesis *(ἀνασκόπησις)*	szemle	rivista rassegna letteraria	acta *pl.* pagella publica	revy rundskue
288	krino *(κρίνω)* deloo *(δηλόω)*	ismertet tárgyal	recensire	recensere exponere	anmelde
289	epitheoro *(ἐπιθεωρῶ)* elencho *(ἐλέγχω)*	átnéz	rivedere	revidere recognoscere	gjennomse revidere
290	anatheoresis *(ἀναθεώρησις)*	átnézés revízió	revisione	revisio recognitio	revisjon
291	diaskeuazo *(διασκευάζω)* metapoieo *(μεταποιέω)*	átdolgoz	rifondere rielaborare ritoccare	denuo conscribere retractare	bearbeide omarbeide omdanne
292	epititlos selidos *(ἐπίτιτλος σελίδος)*	élőfej	titolo corrente a capo pagina	titulus currens	levende kolumntittel løpetittel

POLISH Polonica	PORTUGUESE Portugallica	RUMANIAN Rumenica	SERBIAN Servica	SLOVAK Slovaca	SWEDISH Suecica
przedruk	reimpressão	reimprimare	preštampavanje (прештампавање)	dotlač dotlačok	nytryck(ning) omtryck(ning)
powielanie reprodukcja	reprodução	multiplicare reproducere	reprodukcija (репродукција)	reprodukcia rozmnoženie	avtryck reproduktion
przegląd	revista	revistă cronică	pregled (преглед)	obzor	revy översikt krönika
omawiać recenzować	resenhar	recenza	recenzirati (рецензирати) prikazati (приказати)	recenzovať posúdiť	recensera anmäla
przeglądać	corrigir	revedea revizui	pregledati (прегледати)	prezrieť	revidera
rewizja	revisão	revizie	pregled (преглед)	revízia	revision
przerobić	refundir retocar	reface prelucra	preraditi (прерадити)	prepracovať prerobiť	omarbeta
żywa pagina	título corrente	colontitlu	tekući naslov (текући наслов)	priebežný názov	kolumntitel

	ENGLISH Anglica	FRENCH Gallica	GERMAN Germanica	RUSSIAN Russica	SPANISH Hispanica
293	**scale**	échelle	Maßstab	masštab (масштаб)	escala
	scarce **→rare**				
294	**scenario** **(text for a film)**	scénario	Drehbuch Textbuch eines Films	scenarij (сценарий) text fil'ma (текст фильма)	guión
295	**school**	école	Schule	škola (школа)	escuela
296	**science**	sciences *pl.*	Wissenschaft	nauka (наука)	ciencia
297	**science fiction**	science-fiction	wissenschaftlich- -phantastischer Roman wissenschaftliche Abenteuergeschich- ten	naučno- -fantastičeskaja literatura (научно- -фантастическая литература) naučnaja fantastika (научная фантастика)	ciencia ficción
298	**screen**	trame	Raster	rastr (растр)	pantalla trama
299	**script** **(writing)**	écriture lettres *pl.*	Schrift	pis'mo (письмо) šrift (шрифт)	escritura letra
	secondary entry **→added entry**				
300	**second-hand** **bookshop**	librairie d'occasion	Antiquariat Antiquariatsbuch- handlung	bukinističeckij magazin (букинистический магазин)	librería de viejo y de ocasión
301	**section**	section	Sektion Abteilung	sekcija (секция) otdel (отдел) otdelenie (отделение)	sección parte

BULGARIAN Bulgarica	CROATIAN Croatica	CZECH Bohemica	DANISH Danica	DUTCH Hollandica	FINNISH Fennica
maštab (мащаб)	mjerilo	měřítko	målestok	schaal	mittakaava
scenarij (сценарий)	scenarij knjiga snimanja	scénář	drejebog	draaiboek	elokuvan käsikirjoitus elokuvakäsikirjoitus skenaario
učilište (училище) škola (школа)	škola	škola	skole	school	koulu
nauka (наука)	nauka	věda	videnskab	wetenschap	tiede
naučno-fantastična literatura (научно-фантастична литература) naučna fantastika (науча фантастика)	znanstveno-fantastična književnost	vědecko-fantastická literatura	science fiction	(wetenschappelijke) tokomstroman	tieteisromaani
raster (растер)	raster	rastr	raster	raster	rasteri
pisane (писане) šrift (шрифт)	pisanje	písmo psaní	skrift skrivemåde skrivning	schrift	kirjasin kirjoitus
antikvarna knižarnica (антикварна книжарница)	antikvarijat antikvarnica	antikvariát	antikvariat	tweedehandsboekwinkel	antikvariaatti
sekcija (секция) otdel(enie) (отделение)	sekcija odjeljak dio	sekce oddíl	del sektion	sectie deel gedeelte afdeling	jaosto sektio osasto pykälä

	GREEK Graeca	HUNGARIAN Hungarica	ITALIAN Italica	LATIN Latina	NORWEGIAN Norvegica
293	klimax *(κλῖμαξ)*	lépték mérték méretarány	scala	scala	målestokk
294	senarion *(σενάριον)*	forgatókönyv	scenario	scenarium	dreiebok
295	schole *(σχολή)*	iskola	scuola	schola	skole
296	episteme *(ἐπιστήμη)*	tudomány	scienza	scientia doctrina disciplina litterae *pl.*	vitenskap
297	epistemonikon phantastikon mythistorema *(ἐπιστημονικόν φανταστικόν μυθιστόρημα)* mythistorema epistemonikes phantasias *(μυθιστόρημα ἐπιστημονικῆς φαντασίας)*	tudományos fantasztikus irodalom sci-fi	romanzo di fantascienza	prosa scientifica phantastica	fremtidsromaner *pl.* science fiction
298	raster *(ράστερ)*	raszter	reticolo	raster	raster
299	graphe *(γραφή)* syngraphe *(συγγραφή)*	írás	scritto scrittura	scriptum scriptura	skrift skrivning
300	palaiobibliopoleion *(παλαιοβιβλιοπωλεῖον)*	antikvárium	libreria d'antiquariato	antiquarium	antikvariat
301	tmema *(τμῆμα)* meros *(μέρος)*	osztály rész szakasz	parte sezione	pars sectio	avsnitt

POLISH Polonica	PORTUGUESE Portugallica	RUMANIAN Rumenica	SERBIAN Servica	SLOVAK Slovaca	SWEDISH Suecica
skala	escala	scară	razmera (размера)	mierka	skala
scenariusz	guião	scenariu	scenario (сценарно)	scenár	scenario
szkoła	escola	şcoală	škola (школа)	škola	skola
nauka wiedza	ciência	ştiinţă	nauka (наука)	veda	vetenskap
literatura fantastyczno-naukowa	romance de anticipação científica	roman ştiinţific fantastic	naučno-fantastični roman (научно-фантастични роман)	fantastický roman vedecko-fantastická litaratúra	science fiction
raster	tela	raster	raster (растер)	raster	raster
pismo	escrita	scriere scriptură scripte *pl.*	pisanje (писање) rukopis (рукопис)	písmo písanie	skrift
antykwariat	antiquário alfarrabista	anticariat	antikvarnica (антикварница)	antikvariát	antikvariat
sekcja oddział rozdział	secção parte	secţie parte	sekcija (секција) odeljak (одељак) deo (део)	sekcia oddiel odsek	sektion del avdelning

	ENGLISH Angliea	FRENCH Gallica	GERMAN Germanica	RUSSIAN Russica	SPANISH Hispanica
302	**select (choose)**	choisir sélectionner	wählen	vybirat' (выбирать) otbirat' (отбирать)	elegir escoger
303	**selection (chrestomathy)**	morceaux choisis chrestomathie	Auswahl ausgewählte Stücke/Werke	izbrannoe (избранное) chrestomatija (хрестоматия)	selección crestomatía
	separate →offprint				
304	**sequel**	suite	Fortsetzung	prodolženie (продолжение)	continuación
305	**series**	série suite	Serie Reihe	serija (серия)	serie
	session →sitting				
306	**sew (stitch)**	brocher coudre	heften	brošjurovat' (брошюровать)	encuadernar en rústica
307	**sheet**	feuille	Bogen	list (лист)	hoja
	shelf mark/number →location mark				
308	**shorthand (stenography)**	sténographie	Kurzschrift Stenographie	stenografija (стенография) skoropis' (скоропись)	estenografía
309	**short story (novelette tale)**	nouvelle conte	Novelle Erzählung	novella (новелла) rasskaz (рассказ)	novela corta cuenta
310	**signature**	signature	Signatur	signatura (сигнатура)	signatura

BULGARIAN Bulgarica	CROATIAN Croatica	CZECH Bohemica	DANISH Danica	DUTCH Hollandica	FINNISH Fennica
izbiram (избирам)	izabrati odabrati	vybírat	udvælge vælge	kiezen uitkiezen	valikoida valita
hristomatija (христоматия) izbrani otkâsi (избрани откъси) *pl.* sbornik ot izbrani proizvedenija (сборник от избрани произведения)	hrestomatija	chrestomatie výbor	krestomati	chrestomathie	kirjallisuuden näytteitä krestomatia
prodâlženie (продължение)	nastavak	pokračování	fortsættelse	vervolg	jatko
serija (серия) poredica (поредица)	serija	řada serie	serie række	reeks serie	jakso sarja
podšivam (подшивам)	broširati	brožovat sešívat	hæfte	innaaien	kiinnittää nitoa
kola (кола) list (лист)	arak	arch	ark	folio vel	arkki
stenografija (стенография)	stenografija	těsnopis	stenografi	kortschrift stenografie	pikakirjoitus
novela (новела) razkaz (разказ)	novela priča pripovijetka	novela	novelle	novelle	novelli kertomus
signatura (сигнатура)	signatura	signatura	signatur	signatuur	luokanmerkki paikanmerkki

	GREEK Graeca	HUNGARIAN Hungarica	ITALIAN Italica	LATIN Latina	NORWEGIAN Norvegica
302	eklego *(ἐκλέγω)*	válogat	assortire scegliere	deligere eligere seligere	velge ut
303	analekta *(ἀναλέκτα) pl.* chrestomatheia *(χρηστομάθεια)*	szemelvénygyűjte- mény válogatás	crestomazia	chrestomathia electi loci *pl.* eclogarii *pl.*	krestomati
304	synecheia *(συνέχεια)*	folytatás	continuazione	continuatio	fortsettelse
305	seira *(σειρά)*	sorozat	serie	ordo series	følge rekke serie
306	syndeo *(συνδέω)*	fűz	legare (alla rustica)	(filo) compingere	hefte
307	kolla *(κόλλα)*	ív	foglio	arcus plagula	ark blad
308	stenographia *(στενογραφία)*	gyorsírás	stenografia	stenographia tachygraphia	stenografi
309	diegesis *(διήγησις)*	novella elbeszélés	novella	novella narratio	fortelling novelle
310	yposemeiosis *(ὑποσημείωσις)*	jelzet	segnatura	signatura	signatur

POLISH Polonica	PORTUGUESE Portugallica	RUMANIAN Rumenica	SERBIAN Servica	SLOVAK Slovaca	SWEDISH Suecica
wybierać	escolher seleccionar	alege	izabrati (изабрати) odabrati (одабрати)	vyberať preberať	utvälja
chrestomatia wypisy	escolha selecção	analecte *pl.* crestomatie	hrestomatija (хрестоматија)	chrestomatia výbor	krestomati urval
dalszy ciąg kontynuacja	continuação	continuare	nastavak (наставак)	pakračovanie	följd
seria	série	serie	serija (серија)	rad séria	serie
broszurować	brochar coser	broşa	broširati (броширати)	brožovať zošívať	häfta
arkusz	folha	coală foaie	arak (арак) tabak (табак)	hárok	ark
stenografia	estenografia	stenografie	stenografija (стенографија)	stenografia	stenografi
nowela	novela	nuvelă poveste	novela (новела) priča (прича)	novela	novell
sygnatura	assinatura	signatură	signatura (сигнатура)	signatúra	signatur

	ENGLISH Anglica	FRENCH Gallica	GERMAN Germanica	RUSSIAN Russica	SPANISH Hispanica
311	**sitting (session)**	séance assemblée	Sitzung	zasedanie (заседание) sessija (сессия)	sesión
312	**sketch**	esquisse croquis	Skizze Entwurf	ėskiz (эскиз) nabrosok (набросок) očerk (очерк)	esbozo diseño bosquejo
	small →little				
313	**society**	société	Gesellschaft	obščestvo (общество) associacija (ассоциация)	sociedad
	sole →only				
314	**song**	chant	Gesang	pesnja (песня)	canto
315	**songbook (hymn-book hymnal)**	chansonnier recueil de chansons livre de chant	Liederbuch Liederkranz Gesangbuch	pesennik (песенник) sbornik pesen (сборник песен)	cancionero
316	**source**	source	Quelle	istočnik (источник)	fuente
317	**special bibliography (subject bibliography)**	bibliographie spéciale/spécialisée	Fachbibliographie	predmetnaja/ specialnaja bibliografija (предметная/ специальная библиография)	bibliografía especializada
318	**special library**	bibliothèque spécialisée	Fachbibliothek	specialnaja biblioteka (специальная библиотека)	biblioteca especial(izada)
319	**speech (oration)**	discours allocution	Rede	reč' (речь)	alocución discurso oración
	spine →back				
320	**stack-room (stacks *pl.* bookstacks *pl.*)**	dépôt/magasin de livres	Büchermagazin Bücherspeicher Magazin	knigochranilišče (книгохранилище)	depósito de libros

BULGARIAN Bulgarica	CROATIAN Croatica	CZECH Bohemica	DANISH Danica	DUTCH Hollandica	FINNISH Fennica
zasedanie (заседание) sesija (сесия)	sednica zasedanje	zasedání	session møde	zitting	istunto
skica (скица) očerk (очерк) skeč (скеч)	skica	náčrtek nákres nástin	skitse udkast	schets	alustelma luonnos suunnitelma
družestvo (дружество)	društvo	společnost	selskab samfund	geselschap maatschappij	seura
pesen (песен)	pjesma	píseň	sang	zang	laulu
pesnopojka (песнопойка) sbornik pesni (сборник песни)	pjesmarica	zpěvník kancionál	sangbog	liederboek	laulukirja
izvor (извор) iztočnik (източник)	izvor	pramen zdroj	kilde ophav	bron	lähde
otraslova/ specialna bibliografija (отраслова/ специална библиография)	stručna bibliografija	speciální bibliografie	fagbibliografi	speciale bibliografie vakbibliografie	erikoisbibliografia
otraslova/ specialna biblioteka (отраслова/ специална библиотека)	stručna knjižnica	speciální knihovna	fagbibliotek	speciale bibliotheek vakbibliotheek	erikoiskirjasto
reč (реч) slovo (слово)	govor riječ	řeč	tale	rede	puhe
knigohranilište (книгохранилище)	skladište knjiga	skladiště knih	bogmagasin	boekenmagazijn	kirjavarasto

	GREEK Graeca	HUNGARIAN Hungarica	ITALIAN Italica	LATIN Latina	NORWEGIAN Norvegica
311	synedriasis *(συνεδρίασις)*	ülés(szak)	sessione	consessus sessio	møte sesjon
312	skitso *(σκίτσο)* schedion *(σχέδιον)*	vázlat	schizzo	adumbratio descriptio planum	grunnriss plan skisse
313	hetairia *(ἑταιρία)*	társulat társaság	società	societas	selskap samfunn
314	tragudi *(τραγούδι)* melos *(μέλος)* ode *(ᾠδή)*	ének	canto	cantus carmen	sang vers vise
315	sylloge tragudion *(συλλογή τραγουδιῶν)*	daloskönyv énekeskönyv	canzoniere	liber canticorum/ carminum cantionale	sangbok
316	pege *(πηγή)*	forrás	fonte	fons	kilde opphav oppkomme
317	eidike bibliographia *(εἰδική βιβλιογραφία)*	szakbibliográfia	bibliografia speciale	bibliographia specialis	fagbibliografi
318	eidike bibliotheke *(εἰδική βιβλιοθήκη)*	szakkönyvtár	biblioteca speciale	bibliotheca specialis	fagbibliotek
319	logos *(λόγος)* homilia *(ὁμιλία)*	beszéd szónoklat	discorso orazione	dictio sermo oratio	språk tale
320	apotheke biblion *(ἀποθήκη βιβλίων)*	könyvraktár	magazzino librario	horreum librorum	bokmagasin

POLISH Polonica	PORTUGUESE Portugallica	RUMANIAN Rumenica	SERBIAN Servica	SLOVAK Slovaca	SWEDISH Suecica
posiedzenie sesja	sessão	şedinţă sesiune	sednica (седница) zasedanje (заседање)	zasadanie zasadnutie	sammanträde
szkic zarys plan	debuxo esboço	schiţă	skica (скица)	náčrt nárys nákres	skiss plan
towarzystwo	sociedade	societate	društvo (друштво)	spoločnosť	sällskap
śpiew pieśń	cantiga canção	cîntec cînt	pesma (песма)	pieseň	sång
śpiewnik zbiór pieśni kancjonal	cancioneiro	carte/culegere de cîntece	pesmarica (песмарица)	spevník kancionál	sångbok visbok
źródło	fonte	izvor sursă	izvor (извор)	prameň	källa
bibliografia specjalna	bibliografia especializada	bibliografie specială	stručna bibliografija (стручна библогриафија)	odborná bibliografia	ämnesbibliografi fackbibliografi
biblioteka specjalna	biblioteca especializada	bibliotecă specială	specijalna biblioteka (специјална библиотека)	odborná knižnica	specialbibliotek
mowa pzemówenie	dicção discurso oração	cuvîntare oraţiune	govor (говор) reč (реч)	reč	tal
magazyn biblioteczny	depósito de livros	magazie de cărţi	magazin za knjige (магазин за књиге)	sklad kníh	bokmagasin

	ENGLISH Anglica	FRENCH Gallica	GERMAN Germanica	RUSSIAN Russica	SPANISH Hispanica
	stacks →stack-room				
321	**standardisation**	normalisation	Normung Standardisierung	normalizacija (нормализация) standartizacija (стандартизация)	normalización estandartización
	stanza →strophe				
322	**state library**	bibliothèque d'État	Staatsbibliothek	gosudarstvennaja biblioteka (государственная библиотека)	biblioteca de Estado
323	**statute[1] (regulation)**	statuts *pl.* réglement	Statut	pravila (правила) *pl.* ustav (устав) statut (статут)	estatuto
	statute[2] →law				
	stenography →shorthand				
	stitch →sew				
324	**story (tale)**	récit conte	Erzählung	rasskaz (рассказ) novella (новелла)	novela corta cuento narración relato
	strip cartoon →comic strip				
325	**strophe (stanza)**	strophe	Strophe	strofa (строфа)	estrofa
326	**study (paper[2])**	étude	Studie	issledovanije (исследование) stat'ja (статья) ėtjud (этюд)	estudio
	subject bibliography →special bibliography				
327	**subject heading**	mot-rubrique mot-centre	Schlagwort	predmetnyj zagolovok (предметный заголовок)	palabra de título
328	**subscription**	abonnement	Abonnement laufender Bezug	podpiska (подписка)	servicio de abono subscripción

BULGARIAN Bulgarica	CROATIAN Croatica	CZECH Bohemica	DANISH Danica	DUTCH Hollandica	FINNISH Fennica
normalizacija (нормализация) standartizacija (стандартизация)	normiranje standardizacija	normalizace	standardisering	normalisatie standardisatie	normaalistaminen
dâržavna biblioteka (държавна библиотека)	državna knjižnica	státní knihovna	statsbibliotek	staatsbibliotheek	valtionkirjasto
pravilnik (правилник) ustav (устав)	pravilo propis statut	pravidlo předpis statut	statut regel	regel voorschrift statuut	ohje sääntö
razkaz (разказ)	priča pripovijetka pripovijest	povídka	fortælling novelle	verhaal vertelling	kertomus kertoelma
strofa (строфа) kuplet (куплет)	strofa kitica	sloka strofa	strofe	strofe	säkeistö stroofi
studija (студия) proučvane (проучване) etjud (етюд)	studija ogled	studie	essay	studie artikel	tutkielma
zaglavna duma (заглавна дума) predmetna rubrika (предметна рубрика)	predmetna oznaka	předmětové heslo	slagord	onderwerpswoord trefwoord	hakusana
abonament (абонамент) podpiska (подписка)	pretplata	předplatné	abonnement	abonnement	ennakkotilaus

	GREEK Graeca	HUNGARIAN Hungarica	ITALIAN Italica	LATIN Latina	NORWEGIAN Norvegica
321	typopoiesis *(τυποποίησις)*	szabványosítás	normalizzazione standardizzazione	normalisatio	standardisering
322	kratike bibliotheke *(κρατική βιβλιοθήκη)*	állami könyvtár	biblioteca statale	bibliotheca publica	statsbibliotek
323	kanon *(κανών)* katastatikon *(καταστατικόν)*	alapszabály szabály(zat)	precetto regola(mento) statuto	regula praescriptum praeceptum	forskrift regel
324	diegema *(διήγημα)*	elbeszélés	narrazione racconto novella	fabula narratio novella	fortelling
325	strophe *(στροφή)*	versszak	strofa	stropha	strofe vers
326	melete *(μελέτη)*	tanulmány dolgozat	studio	studium	avhandling essay studium
327	lemma *(λῆμμα)*	címszó	parola d'ordine per soggetto	vox vocabulum	slagord
328	syndrome *(συνδρομή)*	előfizetés	abbonamento	praenumeratio	abonnement subskripsjon

POLISH Polonica	PORTUGUESE Portugallica	RUMANIAN Rumenica	SERBIAN Servica	SLOVAK Slovaca	SWEDISH Suecica
normalizacja	normalização	normalizaţie	normiranje (нормирање) standardizacija (стандардизација)	normovanie	standardisering
biblioteka państwowa	biblioteca do Estado	bibliotecă de stat	državna biblioteka (државна библиотека)	štátna knižnica	statligt bibliotek
ustawa statut przepis reguła	estatuto norma regra	statut regulă regulament	pravilo (правило) propis (пропис) statut (статут)	pravidlo predpis štatút	statut regel
opowiadanie nowela	novela	povestire nuvelă	pripovetka (приповетка) priča (прича)	poviedka novela	berättelse novell
strofa	estrofa	strofă	strofa (строфа) kitica (китица)	sloha strofa	strof
studia studium	ensaio estudo	studiu	studija (студија) ogled (оглед)	štúdia	studie
temat	encabeçamento palavra de título	cuvînt-titlu	predmetna odrednica (предметна одредница)	pojem	slagord
prenumerata	subscripção	abonament	pretplata (претплата)	predplatné	abonnemang

	ENGLISH Anglica	FRENCH Gallica	GERMAN Germanica	RUSSIAN Russica	SPANISH Hispanica
329	**summarize (sum up resume)**	résumer	zusammenfassen	podvodit' itogi (подводить итоги) rezjumirovat' (резюмировать)	recoger reunir resumir
330	**summary (abstract)**	résumé sommaire	Zusammenfassung Resumé	rezjume (резюме)	resumen
	sum up →summarize				
331	**supplement (appendix)**	supplément annexe	Beiblatt Beilage	priloženie (приложение) dopolnenie (дополнение)	adjunto suplemento anejo
	supplement *v.* →complete v.				
332	**supplementary**	supplémentaire	Ergänzungs-	dopolnitel'nyj (дополнительный)	suplementario
	supply →provide				
333	**table**	tableau	Tabelle	tablica (таблица)	tabla
334	**table of contents**	sommaire table des matières	Inhaltsverzeichnis	oglavlenie (оглавление)	índice tabla de materias sumario
	tale →fable (short) story				
335	*on* **tape**	sur bande	auf Tonband auf Magnetband auf Magnetophon	na magnitofonnoj lente (на магнитофонной ленте)	en cinta
336	**temporary card (temporary/removal slip)**	fiche provisoire	Interimsaufnahme provisorischer Zettel Interimszettel	vremennaja kartočka (временная карточка)	ficha provisional
337	**text (words)** *pl*	texte paroles *pl.*	Text	tekst (текст)	texto
338	**textbook (manual)**	livre d'étude livre scolaire	Lehrbuch	učebnik (учебник) učebnaja kniga (учебная книга)	libro de texto manual (escolar)

BULGARIAN Bulgarica	CROATIAN Croatica	CZECH Bohemica	DANISH Danica	DUTCH Hollandica	FINNISH Fennica
rezjumiram (резюмирам)	rezimirati ukratko izložiti	shrnout resumovat	sammenfatte	samenvatten	koota yhdistää
rezjume (резюме)	rezime	resumé shrnutí	sammenfatning	samenvatting	yhteenveto
priloženie (приложение) priturka (притурка)	dodatak prilog	dodatek příloha	bilag tillæg	bijlage bijvoegsel	liite lisälehti
dopâlnitelen (допълнителен)	dopunski	dodatkový	tillægs-	supplement-	lisä-
tablica (таблица)	tabela	tabulka	tabel	tabel	taulukko
sâdâržanie (съдържание)	sadržaj kazalo	obsah rejstřík ukazatel	indholdsforteg-nelse	inhoudsopgave	sisällysluettelo
na lenta (на лента)	na magnetofon-skoj vrpci	na pásce	på bånd	op toonband op de band	nauhalle nauhaan
vremenna kartička (временна картичка)	privremeni listić	předběžný/prozatímní lístek	foreløbig seddel	voorlopige kaart	väliaikaiskortti tilapäiskortti tilapäislippu
tekst (текст) dumi (думи) *pl.*	tekst	text	tekst	tekst	teksti
učebnik (учебник)	udžbenik	učebnice	skolebog lærebog	leerboek schoolboek	koulukirja oppikirja

	GREEK Graeca	HUNGARIAN Hungarica	ITALIAN Italica	LATIN Latina	NORWEGIAN Norvegica
329	synopsizo *(συνοψίζω)*	összefoglal	riassumere compendiare	complecti comprehendere	gjenoppta sammenfatte
330	perilepsis *(περίληψις)*	összefoglalás	sommario	complexio	sammendrag
331	parartema *(παράρτημα)*	melléklet	annesso	addenda additamentum advolutum	bilag tillegg
332	sympleromatikos *(συμπληρωματικός)*	pót- kiegészítő	suppletivo suppletorio	suppletivus supplementum	tillegs-
333	pinax *(πίναξ)*	táblázat	tabella	tabella	tabell tavle
334	pinax periechomenon *(πίναξ περιεχομένων)*	tartalomjegyzék	sommario indice delle materie	index elenchus argumentum	innhold innholdsfortegnelse register
355	sten phonoleptike tainia *(στήν φωνοληπτική ταινία)* sten phonotainian *(στήν φωνοταινίαν)*	hangszalagon szalagon	su nastro	taenia pellicularis vocis	på bånd/lydbånd lydopptak på bånd
336	prosorinon deltion *(προσωρινόν δελτίον)* prosorine katalogographesis *(προσωρινή καταλογογράφησις)*	ideiglenes címleírás	scheda provvisoria	charta/scida temporaria	foreløpig seddel/kort
337	keimenon *(κείμενον)*	szöveg	testo	contextus textus	tekst
338	didaktikon biblion *(διδακτικόν βιβλίον)* encheiridion *(ἐγχειρίδιον)*	tankönyv	libro scolastico	liber scholasticus rudimentum	lærebok skolebok

POLISH Polonica	PORTUGUESE Portugallica	RUMANIAN Rumenica	SERBIAN Servica	SLOVAK Slovaca	SWEDISH Suecica
streszczać	recolher resumir	rezuma	rezimirati (резимирати) ukratko izložiti (укратко изложити)	zhrnúť rezumovať	sammanfatta
streszczenie	resumo	rezumat	rezime (резиме)	resumé zhrnutie	resumé sammanfattning
dodatek załącznik	anexo suplemento	anexă supliment	dodatak (додатак) prilog (прилог)	príloha	bilaga bihang tillägg
dodatkowy dopełniający	suplementário	suplimentar	dopunski (допунски)	dodatkový	tilläggs- supplement-
tabela	tabela	tabel tablă	tabela (табела)	tabul'ka tabela	tabell
spis rzeczy/treści	índice	tablă de materii sumar	sadržaj (садржај) kazalo (казало)	zoznam obsah	innehållsförteckning
na taśmie	sobre banda magnética	pe bandă de magnetofon	na magnetofonskoj traci (на магнетофонској траци)	na páske	på band
karta zastępcza	ficha provisória	fişă provizorie	privremeni katalóški listiç (привремени каталошки листић)	dočasný lístok	provisoriskt kort
tekst	texto	text	tekst (текст)	text	text
podręcznik szkolny	livro escolar	carte de şcoală manual	udžbenik (уџбеник)	učebnica	lärobok

	ENGLISH Anglica	FRENCH Gallica	GERMAN Germanica	RUSSIAN Russica	SPANISH Hispanica
339	**the**	l' le la *pl.* les	der die das *pl.* die	—	el la lo *pl.* los las
340	**thesis (dissertation)**	thèse dissertation	Dissertation	dissertacija (диссертация)	disertación
341	**title**	titre intitulé	Titel	titul (титул) zaglavie (заглавие) zagolovok (заголовок)	título
342	**title entry**	notice sous le titre	Titeleintragung Eintragung unter dem Sachtitel	opisanie pod zaglaviem (описание под заглавием)	asiento de título
343	**title page**	page/feuille de titre	Titelseite Titelblatt	tituľnyj/ zaglavnyj list (титульный/ заглавный лист)	portada
344	**to**	á	zu an bis	k, ko (к, ко)	a
	tóme→volume				
345	**tragedy**	tragédie	Tragödie Trauerspiel	tragedija (трагедия)	tragedia
346	**transactions** *pl.* **(proceedings** *pl.* **bulletin)**	actes *pl.* bulletin (d'informations)	Mitteilungen *pl.*	izvestija (известия) *pl.* (naučnye) zapiski (научные записки) *pl.* trudy (труды) *pl.*	comunicado comunicación
	transcript →copy[1]				
347	**transcription**	transcription	Transkription	transkripcija (транскрипция)	transcripción
348	**translate**	traduire	übersetzen	perevodiť (переводить)	traducir

BULGARIAN Bulgarica	CROATIAN Croatica	CZECH Bohemica	DANISH Danica	DUTCH Hollandica	FINNISH Fennica
-ât (-ът), -a; -jat (-ят), -ja (-я); *pl.* -te (-те) -ta (-та); *pl.* -te (-те) -to (-то); *pl.* -ta (-та)	—	—	den, det; *pl.* de	de het	—
disertacija (дисертация) teza (теза)	disertacija	disertace	disputats afhandling	dissertatie proefschrift	väitöskirja dissertaatio
zaglavie (заглавие)	naslov titula natpis	nadpis titul název	titel	titel	otsikko nimi titteli
opisanie pod zaglavie (описание под заглавие)	stvarni naslov	popis pod názvem	sagtitel	titelkaart opneming onder de titel	nimekkeenmukainen kirjaus
zaglavna stranica (заглавна страница)	naslovni list	titulní list	titelblad	titelblad titelpagina	nimiölehti
do (до) na (на)	do k ka	k ke ku	til	te tot	luo(kse) kohti -lle
tragedija (трагедия)	tragedija	tragédie truchlohra	sørgespil tragedie	treurspel tragedie	murhenäytelmä tragedia
izvestija (известия) *pl.* trudove (трудове) *pl.*	izvještaj saopćenja *pl.* bilten	zprávy *pl.* sdělení	meddelelse meldinger *pl.* skrifter *pl.*	mededeling	ilmoitus tiedonanto tiedotus
transkripcija (транскрипция)	transkripcija	transkripce	transskription	transcriptie	siirtokirjoitus
prevеždam (превеждам)	prevoditi tumačiti	překládat	oversætte	vertalen	kääntää

	GREEK Graeca	HUNGARIAN Hungarica	ITALIAN Italica	LATIN Latina	NORWEGIAN Norvegica
339	ho (ὁ) *pl.* hoi (οἱ) he (ἡ) hai (αἱ) to (τό) ta (τά)	a, az	il *pl.* i l' — lo gli la le	—	den det *pl.* de
340	didaktorike diatribe (διδακτορική διατριβή)	értekezés disszertáció	dissertazione	dissertatio	disputas
341	titlos (τίτλος)	cím	titolo	titulus inscriptio libri	tittel
342	ypotitlos (ὑποτίτλος)	tárgyi címszó	parola d'ordine per titoli	vocabulum rei/obiecti/tituli	emneord saktitel
343	prometopis (προμετωπίς)	címlap	frontespizio	pagina tituli	tittelblad
344	hos (ὡς) pros (πρός) epi (ἐπί)	-hoz, -hez, -höz -nak, -nek	a ad	ad	til
345	tragodia (τραγῳδία)	tragédia szomorújáték	tragedia	tragœdia	sørgespill tragedie
346	anakoinosis (ἀνακοίνωσις) metadosis (μετάδοσις) deltion (δελτίον)	közlemények *pl.* akták *pl.* értesítő	comunicazione pubblicazione	communicationes *pl.* acta *pl.*	meddelelse kommuniké skrifter *pl.*
347	metagraphe (μεταγραφή)	átírás	trascrizione	transcriptio	transskripsjon
348	metaphrazo (μεταφράζω)	fordít	tradurre interpretare	convertere transferre vertere interpretare	oversette

POLISH Polonica	PORTUGUESE Portugallica	RUMANIAN Rumenica	SERBIAN Servica	SLOVAK Slovaca	SWEDISH Suecica
—	o *pl.* os a as	-(u)l *pl.* -i -a -le -le	—	—	den det *pl.* de
dysertacja	dissertação	disertaţie teză	disertacija (дисертација)	dizertácia	dissertation akademisk avhandling
tytuł	título	titlu	naslov (наслов) titula (титула) natpis (натпис)	nadpis titul názov	titel
hasło tytułowa	entrada pelo título	catalogizaţie cu titlu	stvarni naslov (стварни наслов)	názov	titelhänvisning
karta tytułowa	rosto	frontispiciu	naslovna strana (насловна страна)	titulný list	titelblad
do	a para	la	do (до) k (к) ka (ка)	k ku	för till
tragedia	tragédia	tragedie	tragedija (трагедија)	tragédia	sorgespel tragedi
wiadomości *pl.* acta *pl.*	comunicado	buletin	izveštaj (извештај) saopštenja (саопштења) *pl.* bilten (билтен)	správy *pl.* oznámenie oznam	meddelande bulletin skrifter *pl.*
transkrypcja	transcrição	transcripţie transcriere	transkripcija (транскрипција)	transkripcia	transkription
przetłumaczyć przełożyć	traduzir verter	traduce	prevoditi (преводити) tumačiti (тумачити)	prekladať	översätta

	ENGLISH Anglica	FRENCH Gallica	GERMAN Germanica	RUSSIAN Russica	SPANISH Hispanica
349	**translation**	traduction	Übersetzung	perevod (перевод)	traducción
350	**transliteration**	translitération	Transliteration	transliteracija (транслитерация)	transliteración
351	**treat (discuss)**	traiter	behandeln	rassmatrivat' (рассматривать) razrabatyvat' (разрабатывать) traktovat' (трактовать)	tratar disertar
352	**treatise (essay²)**	traité dissertation	Abhandlung Traktat	naučnyj traktat (научный трактат) trud (труд)	tratado disertación
353	**typescript (typed copy, typewritten manuscript)**	texte dactylographié	Schreibmaschinen-abschrift maschinengeschrie-benes Manuskript Typoskript	mašinopis' (машинопись)	ejemplar mecano-grafiado
354	**type size (body size)**	corps (des caractères) force de corps	Schriftgrad Typengröße	kegl' šrifta (кегль шрифта)	fuerza del cuerpo
	typewritten manu-script →typescript				
	typographical error →printer's error				
355	**typography**	typographie	Typographie	knigopečatanie (книгопечатание) poligrafija (полиграфия)	tipografía
	unaltered →unchanged				
356	**unchanged (unaltered)**	inchangé invariable	unverändert	bez izmenenij (без изменений) neizmennyj (неизменный)	invariable
357	**under**	sous	unter	pod (под)	bajo debajo de

BULGARIAN Bulgarica	CROATIAN Croatica	CZECH Bohemica	DANISH Danica	DUTCH Hollandica	FINNISH Fennica
prevod (превод)	prijevod	překládání překlad	oversættelse	vertaling	käännös
transliteracija (транслитерация)	transliteracija	transliterace	translitteration	translitteratie	translitteraatio translitterointi
tretiram (третирам) razgleždam (разглеждам)	raspravljati	pojednávat	behandle	behandelen	keskustella
traktat (трактат) teza (теза)	rasprava	pojednání traktát rozprava	afhandling traktat	verhandeling tractaat	keskustelu tutkielma väitöskirja
mašinopisen ekzempljar (машинописен екземпляр)	prijepis na pisaćem stroju	strojopis	maskinskrevet eksemplar/manu-skript	maschineschrift	koneella kirjoitettu kappale konekirjoite
golemina na šrifta (големина на шрифта)	vrsta pisma	kuželka	skriftgrad	korps	kirjasinaste
tipografija (типография) poligrafija (полиграфия)	tiskara	knihtisk polygrafie	typografi	drukkerij typografie	typografia
nesmenen (несменен) neizmenen (неизменен)	nepromjenjiv nepromjenljiv	nezměněný	uforandret	onveranderd	muuttamaton
pod (под)	ispod pod	pod	under	onder	alla alle

	GREEK Graeca	HUNGARIAN Hungarica	ITALIAN Italica	LATIN Latina	NORWEGIAN Norvegica
349	metaphrasis (μετάφρασις)	fordítás	traduzione	conversio translatio interpretatio	oversettelse
350	metagraphe (μεταγραφή)	betű szerinti átírás	traslitterazione	translitteratio	translitterasjon
351	pragmateuomai (πραγματεύομαι)	értekezik tárgyal	dissertare trattare	dissertare tractare consiliari	behandle traktere
352	diatribe (διατριβή) pragmateia (πραγματεία)	értekezés tárgyalás	trattato	dissertatio tractatio tractatulus	avhandling disputas
353	daktilographemenon (δακτιλογραφημένον)	gépelt kézirat gépirat	dattiloscritto	dactylographia machina scriptum	maskinskrevet eksemplar/manu-skript
354	eidos stoicheion (εἶδος στοιχείων)	betűnagyság	corpo tipografico	gradus typorum	skriftgrad
355	typographia (τυπογραφία)	nyomdászat tipográfia	tipografia	typographia	typografi
356	ametabletos (ἀμετάβλητος)	változatlan	invariato	immutabilis immutatus	uforanderlig uforandret
357	hypo (ὑπό)	alatt alá	sotto	sub subter	under

POLISH Polonica	PORTUGUESE Portugallica	RUMANIAN Rumenica	SERBIAN Servica	SLOVAK Slovaca	SWEDISH Suecica
przetłumaczenie przekład	tradução	traducere	prevod (превод)	preklad	översättning
transliteracja	transliteração	transliteraţie	transliteracija (транслитерација)	transliterácia	translitteration
rozprawiać	dissertar tratar	diserta	raspravljati (расправљати)	pojednávať rokovať	avhandla behandla
rozprawa traktat	dissertação	disertaţie tratat	rasprava (расправа) traktat (трактат)	pojednanie vedecká rozprava	avhandling traktat
maszynopis	exemplar dactilografado	dactilografiat	daktilografisani primerak (дактилографи-сани примерак)	strojopis strojopisný exemplár	maskinskrift
stopień czcionki	corpo do tipo	caracter	tipovi slova (типови слова)	veľkosť písmena	typgrad
drukarnia typografia	tipografia	tipografie	štamparstvo (штампарство) tiskara (тискара)	tlačiarstvo polygrafia	typografi
niezmieniony	inalterável invariável	invariabil neschimbat	nepromenljiv (непромењљив)	nezmenený bezo zmeny	oförändrad
pod	debaixo de por baixo de sob	sub	ispod (испод) pod (под)	pod	under

	ENGLISH Anglica	FRENCH Gallica	GERMAN Germanica	RUSSIAN Russica	SPANISH Hispanica
358	**union catalog(ue)**	catalogue collectif	Gesamtkatalog Zentralkatalog	svodnyj katalog (сводный каталог)	catálogo colectivo
	unique →only				
359	**university**	université	Universität	universitet (университет)	universidad
360	**university library**	bibliothèque universitaire	Universitäts-bibliothek	universitetskaja biblioteka (университетская библиотека)	biblioteca universitaria
361	**unpublished**	inédit	unveröffentlicht ungedruckt	neopublikovannyj (неопубликованный) neizdannyj (неизданный)	inedito
362	**use** *n.*	usage emploi	Gebrauch Benutzung	poľzovanie (пользование) primenenie (применение)	uso empleo
363	**use** *v.* **(employ)**	user (de) employer	gebrauchen	ispoľzovať (использовать) primenjať (применять)	usar emplear
	variant →version				
	verse →poem				
364	**version (variant)**	variante version	verschiedene Lesart Fassung Version	versija (версия) variant (вариант) raznočtenie (разночтение)	versión variante
365	**verso (left-hand page)**	verso	verso Rückseite	oborotnaja storona lista (оборотная сторона листа)	verso
	vocabulary →glossary				
366	**volume[1] (tome)**	volume tome	Band	tom (том)	volumen tomo

BULGARIAN Bulgarica	CROATIAN Croatica	CZECH Bohemica	DANISH Danica	DUTCH Hollandica	FINNISH Fennica
svoden katalog (своден каталог)	centralni katalog	souborný katalog	fælleskatalog	centrale catalogus	yhteisluettelo
universitet (университет)	sveučilište	universita	universitet	universiteit	yliopisto
universitetska biblioteka (университетска библиотека)	sveučilišna knjižnica	universitní knihovna	universitets-bibliotek	universiteits-bibliotheek	yliopisto(n)-kirjasto
neizdaden (неиздаден)	neizdan	nevydaný	utrykt ikke udgivet	onuitgegeven ongedrukt	julkaisematon
polzuvane (ползуване) upotreba (употреба)	upotreba korišćenje	upotřebení užití	anvendelse brug	aanwending gebruik	käyttö käytäntö
upotrebjavam (употребявам)	upotrebljavati koristiti	upotřebit užít užívat	anvende bruge	gebruiken	käyttää
variant (вариант) versija (версия)	varijant verzija	variace změna verse	variant version	variant versie	muunnos
obratna strana (обратна страна)	naličje	rub verso	bagside	keerzijde verso	kääntöpuoli lehden takasivu selkäpuoli
tom (том)	svezak	svazek díl	bind	band	nidos nide

	GREEK Graeca	HUNGARIAN Hungarica	ITALIAN Italica	LATIN Latina	NORWEGIAN Norvegica
358	synkentrotikos katalogos (*συγκεντρωτικός κατάλογος*)	központi katalógus	catalogo collettivo	catalogus centralis	felleskatalog
359	panepistemion (*πανεπιστήμιον*)	egyetem	università	universitas (scientiarum)	universitet
360	panepistemiake bibliotheke (*πανεπιστημιακή βιβλιοθήκη*)	egyetemi könyvtár	biblioteca universitaria	bibliotheca universitatis (scientiarum)	universitetsbibliotek
361	anekdotos (*ἀνέκδοτος*)	kiadatlan	inedito	ineditus	ikke offentliggjort ikke udgivet utrykt
362	chresis (*χρῆσις*)	használat	uso impiego	usus	anvendelse bruk
363	chresimopoio (*χρησιμοποιῶ*)	használ	usare	uti	anvende bruke
364	metabole (*μεταβολή*) metastasis (*μεταστάσις*)	változat	variante versione	varians variatio	variasjon
365	hetera pleura (*ἕτερα πλευρα*)	verzó	verso	verso	bakside
366	tomos (*τόμος*)	kötet	volume tomo	tomus volumen liber	bind

POLISH Polonica	PORTUGUESE Portugallica	RUMANIAN Rumenica	SERBIAN Servica	SLOVAK Slovaca	SWEDISH Suecica
centralny katalog	catálogo colectívo	catalog central	centralni katalog (централни каталог)	ústredný katalóg	centralkatalog
uniwersytet	universidade	universitate	univerzitet (универзитет)	univerzita	universitet
biblioteka uniwersytecka	biblioteca universitária	bibliotecă universitară	univerzitetska biblioteka (универзитетска библиотека)	univerzitná knižnica	universitets-bibliotek
nie drukowany nie wydany	inédito não publicado	inedit	neizdan (неиздан)	nevydaný	outgiven otryckt
użycie użytek	emprêgo uso	întrebuinţare uz	upotreba (употреба) korišćenje (коришћење)	upotrebenie užívanie	bruk användning
użytkować	usar	întrebuinţa uza	upotrebljavati (употребљавати) koristiti (користити)	upotrebiť užívať	använda bruka
odmiana wariant wersja	variante versão	variantă versiune	varijant (варијант) verzija (верзија)	variácia variant obmena	variant version
odwrocie strona odwrotna	verso	contrapagina verso	naličje (наличје)	druhá strana rub	baksida verso
tom	tomo volume	volum tom	tom (том) svezak (свезак) sveska (свеска)	zväzok	volym band

	ENGLISH Anglica	FRENCH Gallica	GERMAN Germanica	RUSSIAN Russica	SPANISH Hispanica
367	**volume[2] (annual volume)**	année	Jahrgang	godovoj komplekt (годовой комплект)	año
	whole →complete				
368	**with**	avec	mit	s, so (с, со)	con
369	**without**	sans	ohne	bez (без)	sin
370	**woodcut (wood engraving)**	bois gravure sur bois xylographie	Holzschnitt Holztafeldruck	gravjura na dereve (гравюра на дереве)	grabado en madera xilografía
	words *pl* →text				
371	**work**	œuvre ouvrage	Werk	trud (труд) proizvedenie (произведение) sočinenie (сочинение)	obra
	work out (in detail) →elaborate				
372	**write**	écrire	schreiben	pisať (писать)	escribir
373	**write poetry**	composer/ écrire des vers	dichten	pisať/sočinjať stichi (писать/сочинять стихи)	componer (versos)
374	**writer**	écrivain	Schriftsteller	pisateľ (писатель)	escritor
	writing for the blind →braille printing				
375	**xerography**	xérographie	Xerographie	kserografija (ксерография)	jerografía xerografía
376	**year**	an année	Jahr	god (год)	año
377	**year-book (annual)**	annuaire	Jahrbuch (*pl.* Jahrbücher)	ežegodnik (ежегодник)	anuario

BULGARIAN Bulgarica	CROATIAN Croatica	CZECH Bohemica	DANISH Danica	DUTCH Hollandica	FINNISH Fennica
godišnina (годишнина) godina (година)	godište	ročník rok	årgang	jaargang	vuosikerta
s (с) sås (със)	s sa	s	med	door met	kanssa mukana kera -lla -llä
bez (без)	bez	bez	uden	zonder	ilman
gravjura na dårvo (гравюра на дърво)	drvorez	dřevoryt	træsnit træstik	houtsnede	puupiirros
trud (труд) proizvedenie (произведение) såčinenie (съчинение)	djelo tvorevina	dílo	wærk arbejde	werk	teos
piša (пиша)	pisati	psát	skrive	schrijven	kirjoittaa
piša stihove (пиша стихове) såčinjavam (съчинявам)	pisati pjesme	psát verše/básně	digte	dichten	runoilla
pisatel (писател)	pisac književnik	spisovatel	forfatter	schrijver	kirjailija tekijä
kserografija (ксерография)	kserografija	xerografie	xerografi	xerografie	kseropainanta
godina (година)	godina ljeto	rok	år	jaar	vuosi
godišnik (годишник)	godišnjak	ročenka	årbog	jaarboek	vuosikirja

	GREEK Graeca	HUNGARIAN Hungarica	ITALIAN Italica	LATIN Latina	NORWEGIAN Norvegica
367	ep'eniauton ephemerides *(ἐπ' ἐνιαυτόν ἐφημερίδες)* epeteios *(ἐπέτειος)*	évfolyam	annata	cursus annuus annus	årgang
368	meta *(μετά)* me *(μέ)* syn *(σύν)*	-val, -vel	con	cum	med ved
369	aneu *(ἄνευ)*	nélkül	senza	sine	uten
370	xylographia *(ξυλογράφια)*	fametszet	incisione in legno xilografia	imago in ligno incisa xylographia	tresnitt
371	ergon *(ἔργον)* syngraphe *(συγγραφή)*	mű	opera (collettiva)	opus(culum) elaboratum	arbeid verk
372	grapho *(γράφω)* syngrapho *(συγγράφω)*	ír	scrivere	conscribere scribere	skrive
373	grapho poiemata *(γράφω ποιήματα)*	verset ír költ	comporre versi	versus facere componere	dikte
374	syngrapheus *(συγγραφεύς)*	író	scrittore	scriptor	forfatter
375	xerographia *(ξηρογραφία)*	xerográfia	xerografia	xerographia	xerografi
376	etos *(ἔτος)* chronos *(χρόνος)*	év esztendő	anno	annus	år
377	epeteris *(ἐπετηρίς)*	évkönyv	annuario	liber annalis	årbok

POLISH Polonica	PORTUGUESE Portugallica	RUMANIAN Rumenica	SERBIAN Servica	SLOVAK Slovaca	SWEDISH Suecica
rocznik	um ano	colecţie anuală an	godište (годиште)	ročník	årgång
z(e)	com junto	cu	s (c) sa (ca)	s so	med
bez	sem	fără	bez (без)	bez	utan
drzeworyt	gravura em madeira	gravură în lemn xilogravură	drvorez (дрворез)	drevorezba drevoryt	träsnitt
dzieło utwór	obra trabalho	operă	delo (дело) tvorevina (творевина)	dielo	verk arbete
pisać	escrever	scrie	pisati (писати)	písať	skriva
pisać wiersze	fazer versos	compune versuri	pisati pesme (писати песме)	skadať básne	skriva vers
pisarz	escritor	scriitor	pisac (писац) književnik (књижевник)	spisovateľ	skriftställare
kserografia	xerografia	xerografie	kserografija (ксерографија)	xerografia	xerografi
rok	ano	an	godina (година) leto (лето)	rok	år
rocznik	anuário	anuar	godišnjak (годишњак)	letopis ročenka	årsbok

	ENGLISH Anglica	FRENCH Gallica	GERMAN Germanica	RUSSIAN Russica	SPANISH Hispanica
I	**January**	janvier	Januar Jänner	janvar' (январь)	enero
II	**February**	février	Februar Feber	fevraľ (февраль)	febrero
III	**March**	mars	März	mart (март)	marzo
IV	**April**	avril	April	apreľ (апрель)	abril
V	**May**	mai	Mai	maj (май)	mayo
VI	**June**	juin	Juni	ijun' (июнь)	junio
VII	**July**	juillet	Juli	ijuľ (июль)	julio
VIII	**August**	août	August	avgust (август)	agosto
IX	**September**	septembre	September	sentjabr' (сентябрь)	septiembre
X	**October**	octobre	Oktober	oktjabr' (октябрь)	octubre
XI	**November**	novembre	November	nojabr' (ноябрь)	noviembre

BULGARIAN Bulgarica	CROATIAN Croatica	CZECH Bohemica	DANISH Danica	DUTCH Hollandica	FINNISH Fennica
APPENDIX					
januari (януари)	januar siječanj	leden	januar	januari	tammikuu
fevruari (февруари)	februar veljača	únor	februar	februari	helmikuu
mart (март)	mart ožujak	březen	marts	maart	maaliskuu
april (април)	april travanj	duben	april	april	huhtikuu
maj (май)	maj svibanj	květen	maj	mei	toukokuu
juni (юни)	junije lipanj	červen	juni	juni	kesäkuu
juli (юли)	julije spranj	červenec	juli	juli	heinākuu
avgust (август)	august kolovoz	srpen	august	augustus	elokuu
septemvri (септември)	septembar rujan	září	september	september	syyskuu
oktomvri (октомври)	oktobar listopad	říjen	oktober	october	lokakuu
noemvri (ноември)	novembar studeni	listopad	november	november	marraskuu

	GREEK Graeca	HUNGARIAN Hungarica	ITALIAN Italica	LATIN Latina	NORWEGIAN Norvegica
I	Ianuarios (Ἰανουάριος) Gamelion (Γαμηλιών)	január	gennaio	Ianuarius	januar
II	Februarios (Φεβρουάριος) Anthesterion (Ἀνθεστηριών)	február	febbraio	Februarius	februar
III	Martios (Μάρτιος) Elaphebolion (Ἐλαφηβολιών)	március	marzo	Martius	mars
IV	Aprilios (Ἀπρίλιος) Munichion (Μουνιχιών)	április	aprile	Aprilis	april
V	Maios (Μάϊος) Thargelion (Θαργηλιών)	május	maggio	Maius	mai
VI	Iunios (Ἰούνιος) Skirophorion (Σκιροφοριών)	június	giugno	Iunius	juni
VII	Iulios (Ἰούλιος) Hekatonbaion (Ἑκατονβαιών)	július	luglio	Iulius	juli
VIII	Augustos (Αὔγουστος) Metageitnion (Μεταγειτνιών)	augusztus	agosto	Augustus	august
IX	Septembrios (Σεπτέμβριος) Boedromion (Βοηδρομιών)	szeptember	settembre	September	september
X	Oktobrios (Ὀκτώβριος) Pyanopsion (Πυανοψιών)	október	ottobre	October	oktober
XI	Noembrios (Νοέμβριος) Maimakterion (Μαιμακτηριών)	november	novembre	November	november

POLISH Polinica	PORTUGUESE Portugallica	RUMANIAN Rumenica	SERBIAN Servica	SLOVAK Slovaca	SWEDISH Suecica
styczeń	Janeiro	ianuarie	januar (јануар)	január	januari
luty	Fevereiro	februarie	februar (фебруар)	február	februari
marzec	Março	martie	mart (март)	marec	mars
kwiecień	Abril	aprilie	april (април)	apríl	april
maj	Maio	mai	maj (мај)	máj	maj
czerwiec	Junho	iunie	juni (јуни)	jún	juni
lipiec	Julho	iulie	juli (јули)	júl	juli
sierpień	Agosto	august	avgust (август)	august	augusti
wrzesień	Setembro	septemvrie	septembar (септембар)	september	september
październik	Outubro	octomvrie	oktobar (октобар)	október	oktober
listopad	Novembro	noiembrie	novembar (новембар)	november	november

	ENGLISH Anglica	FRENCH Gallica	GERMAN Germanica	RUSSIAN Russica	SPANISH Hispanica
XII	**December**	décembre	Dezember	dekabr' (декабрь)	diciembre
XIII	**Monday**	lundi	Montag	ponedel'nik (понедельник)	lunes
XIV	**Tuesdəy**	mardi	Dienstag	vtornik (вторник)	martes
XV	**Wednesday**	mercredi	Mittwoch	sreda (среда)	miércoles
XVI	**Thursday**	jeudi	Donnerstag	četverg (четверг)	jueves
XVII	**Friday**	vendredi	Freitag	pjatnica (пятница)	viernes
XVIII	**Saturday**	samedi	Samstag Sonnabend	subbota (суббота)	sábado
XIX	**Sunday**	dimanche	Sonntag	voskresen'e (воскресенье)	domingo
XX	**year**	an année	Jahr	god (год)	año
XXI	**annual** **yearly**	annuel	jährlich	ežegodnyj (ежегодный) godovoj (годовой)	anual
XXII	**half-yearly** **semi-annual**	semestriel	halbjährlich	polugodovoj (полугодовой) šestimesjačnyj (шестимесячный)	semestral
XIII	**quarterly**	trimestriel	dreimonatlich vierteljährlich	trĕhmesjačnyj (трĕхмесячный)	trimestral
XXIV	**month**	mois	Monat	mesjac (месяц)	mes
XXV	**monthly**	mensuel	monatlich	ežemesjačnyj (ежемесячный)	mensual
XXVI	**fortnightly** **semi-monthly**	bimensuel semi-mensuel	halbmonatlich	polumesjačnyj (полумесячный)	semimensual
XXVII	**week**	semaine	Woche	nedelja (неделя)	semana

BULGARIAN Bulgarica	CROATIAN Croatica	CZECH Bohemica	DANISH Danica	DUTCH Hollandica	FINNISH Fennica
dekemvri (декември)	decembar prosinac	prosinec	december	december	joulukuu
ponedelnik (понеделник)	ponedjeljak	pondělí	mandag	maandag	maanantai
vtornik (вторник)	utornik	úterý	tirsdag	dinsdag	tiistai
srjada (сряда)	srijeda	středa	onsdag	woensdag	keskiviikko
četvârtâk (четвъртък)	četvrtak	čtvrtek	tørsdag	donderdag	torstai
petâk (петък)	petak	pátek	fredag	vrijdag	perjantai
sâbota) (събота)	subota	sobota	lørdag	zaterdag	lauantai
nedelja (неделя)	nedelja	neděle	søndag	zondag	sunnuntai
godina (година)	godina	rok	år	jaar	vuosi
godišen (годишен)	godišnji	roční	årlig	jaarlijks	vuotinen
polugodišen (полугодишен)	polugodišnji	šestiměsíční	halvårlig	halfjaarlijks	puolivuotinen
trimesečen (тримесечен)	tromjesečni	tříměsíční	kvartals	driemaandelijks	kolmen kuukauden
mesec (месец)	mjesec	měsíc	måned	maand	kuukausi
mesečen (месечен)	mjesečni	měsíční	månedlig	maandelijks	jokakuukautinen
polumesečen (полумесечен)	polumjesečni	čtrnáctidenní	halvmånedlig	halfmaandelijks	puolikuukautinen
sedmica (седмица)	tjedan sedmica	týden	uge	week	viikko

	GREEK Graeca	HUNGARIAN Hungarica	ITALIAN Italica	LATIN Latina	NORWEGIAN Norvegica
XII	Dekembrios *(Δεκέμβριος)* Poseideon *(Ποσειδεών)*	december	dicembre	December	desember
XIII	Deutera *(Δευτέρα)*	hétfő	lunedì	Dies Lunae feria II.	mandag
XIV	Trite *(Τρίτη)*	kedd	martedì	Dies Martis feria III.	tirsdag
XV	Tetarte *(Τετάρτη)*	szerda	mercoledì	Dies Mercurii feria IV.	onsdag
XVI	Pempte *(Πέμπτη)*	csütörtök	giovedì	Dies Jovis feria V.	torsdag
XVII	Paraskeue *(Παρασκευή)*	péntek	venerdì	Dies Veneris feria VI.	fredag
XVIII	Sabbaton *(Σάββατον)*	szombat	sabato	Dies Saturni feria VII.	lørdag
XIX	Kyriake *(Κυριακή)*	vasárnap	domenica	Dies Solis Dominica	søndag
XX	etos *(ἔτος)*	év	anno	annus	år
XXI	etesios *(ἐτήσιος)*	évi	annuale	annalis annuus	årlig
XXII	hexamenos *(ἑξάμηνος)*	félévi	semestrale	semestris	halvårlig
XXIII	trimeniaios *(τριμηνιαῖος)*	negyedévi	trimestrale	trimestris	kvartal
XXIV	men *(μήν)*	hó hónap	mese	mensis	måned
XXV	meniaios *(μηνιαῖος)*	havi	mensile	mensilis menstruus	månedlig
XXVI	dekapenthemeros *(δεκαπενθήμερος)*	félhavi	semimensile	semimensilis semimenstruus	halvmånedlig toukentlig
XXVII	hebdomas *(ἑβδομάς)*	hét	settimana	hebdomas hebdomada	uke

POLISH Polonica	PORTUGUESE Portugallica	RUMANIAN Rumenica	SERBIAN Servica	SLOVAK Slovaca	SWEDISH Suecica
grudzień	Dezembro	decembrie	decembar (децембар)	december	decemrbe
poniedziałek	segunda-feira	luni	ponedeljak (понедељак)	pondelok	mandag
wtorek	terça-feira	marți	utorak (уторак)	útorok	tisdag
środa	quarta-feira	mercuri	sreda (среда)	streda	onsdag
czwartek	quinta-feira	joi	četvrtak (четвртак)	štvrtok	torsdag
piątek	sexta-feira	vineri	petak (петак)	piatok	fredag
sobota	sábado	sîmbătă	subota (субота)	sobota	lördag
niedziela	domingo	duminică	nedelja (недеља)	nedeľa	söndag
rok	ano	an	godina (година)	rok	år
roczny	anual	anual	godišnji (годишњи)	ročný	årlig
półroczny	semestral	bianual semestrial	polugodišnji (полугодишњи)	polročný	halvårs-
kwartalny	trimensal trimestral	trimestrial	tromesečni (тромесечни)	štvrťročný	kvartals-
miesiąc	mês	lună	mesec (месец)	mesiac	månad
miesięczny	mensal	lunar	mesečni (месечни)	mesačný	månatlig
półmiesięczny	bimensal quinzenal	bilunar	polumesečni (полумесечни)	polmesačný	halvmånads-
tydzień	semana	săptămînă	nedelja (недеља) sedmica (седмица)	týždeň	vecka

	ENGLISH Anglica	FRENCH Gallica	GERMAN Germanica	RUSSIAN Russica	SPANISH Hispanica
XXVIII	**weekly**	hebdomadaire	wöchentlich	eženedeľnyj (еженедельный)	semanal
XXIX	**day**	jour	Tag	den' (день)	día
XXX	**daily**	quotidien	täglich	eždnevnyj (ежедневный)	cotidiano diario

BULGARIAN Bulgarica	CROATIAN Croatica	CZECH Bohemica	DANISH Danica	DUTCH Hollandica	FINNISH Fennica
sedmičen (седмичен)	tjedni sedmični	týdenní	ugentlig	wekelijks	viikko-
den (ден)	dan	den	dag	dag	päivä
vsekidneven (всекидневен)	dnevni	denní	daglig	dagelijks	päivä-

	GREEK Graeca	HUNGARIAN Hungarica	ITALIAN Italica	LATIN Latina	NORWEGIAN Norvegica
XXVIII	hebdomadiaios *(ἑβδομαδιαῖος)*	heti	settimanale	semel in hebdomade	ukentlig
XXIX	(he)mera *(ἡμέρα)*	nap	giorno	dies	dag
XXX	hemeresios *(ἡμερήσιος)*	napi	quotidiano	cotidianus	daglig

POLISH Polonica	PORTUGUESE Portugallica	RUMANIAN Rumenica	SERBIAN Servica	SLOVAK Slovaca	SWEDISH Suecica
tygodniowy	semanal	săptămînal ebdomadar	sedmični (седмични)	týždňový	vecko-
dzień	dia	zi	dan (дан)	deň	dag
codzienny	diário quotidiano	cotidian zilnic	dnevni (дневни)	denný dňový	daglig

II

FRENCH – GALLICA

à, in; to 164; 344
abonnement, subscription 328
abrégé, extract 142
abréger, abridge 4
académie, academy 5
acte, act; document 6; 117
actes *pl.*, transactions 346
adage, adage 7
adapter, adapt 8
addenda *pl.*, addenda *pl.* 10
adresse bibliographique, imprint 163
album, album 13
allocution, speech 319
almanach, almanac(k) 14
améliorer, correct 101
an, year 376
ancien, ancient 17
annales *pl.*, annals *pl.* 19
année, volume²; year 367; 376
annexe, supplement 331
annonce publicitaire, advertisement 11
annotation, annotation 22
annoter, annotate 21
annuaire, year-book 377
anonyme, anonymous 23
anthologie, anthology 25
antique, ancient 17
appendice, appendix 26
appliqué, applied 27
après, after 12

archives *pl.*, archives *pl.* 28
arranger, arrange 29
art, art 30
article, article 31
assemblée, assembly; sitting 32; 311
assembler, collect 74
atelier de reliure, bindery 46
atlas, atlas 33
augmenter, enlarge 133
auteur, author 35
authentique, authentic 34
autobiographie, autobiography 38
autographe, autograph 39
autoriser, authorize 37
avant-propos, preface 256
avec, with 368

sur **bande,** on tape 355
bande dessinée, comic strip 80
sur la **base de ...,** based/founded on the ... 41
belle page, recto 277
belles-lettres, fiction 146
bibliographie, bibliography 42
bibliographie individuelle, author bibliography 36
bibliographie spéciale/spécialisée, special bibliography 317
bibliologie, bibliology 43
bibliothécaire, librarian 182
bibliothèque, library 183
bibliothèque de consultation sur place, reference library 279
bibliothèque de lecture publique, public library 270

dessin, drawing 120
dialogue, dialog(ue) 114
dictionnaire, dictionary 116
dicton, adage 7
discours, speech 319
discours commémoratif, memorial speech 198
disque, record[1] 276
dissertation, thesis; treatise 340; 352
documentation, documentation 118
dos, back 40
double, duplicate 121
douteux, doubtful 119
drame, play 246
droit d'auteur, copyright 98
duplicata, duplicate 121

échelle, scale 293
école, school 295
écrire, write 372
écrire des vers, write poetry 373
écrit polémique, polemic 251
écriture, script 299
écrivain, writer 374
éditer, edit[1]; edit[2]; publish 122; 123; 271
éditeur, editor[2]; publisher[1] 126; 273
édition, edition 124
édition de poche, pocket-book 247
édition originale, original edition 227
édition première, original edition 227
élaborer, elaborate 128
élégie, elegy 129
éloge, panegyric 230
emploi, use *n.* 362
employer, use *v.* 363
en, in 164
encyclopédie, encyclopaedia 130
entier, complete *a.* 85
entrée secondaire, added entry 9
envoi d'auteur, dedication 109
épilogue, epilogue 135
épopée, epic 134
erreur typographique, printer's error 265
esquisse, sketch 312
essai, essay[1] 136
estampe, engraving 132
et, and 18
étude, study 326

exemplaire, copy[2] 97
exemplaire du dépôt légal, deposit copy 112
explication, explanation 141
expliquer, explain 140
exposition, exhibition 139
extrait, extract 142

fable, fable 143
fac-similé, facsimile 144
faire paraître, edit[2] 123
falsification, forgery 151
faute typographique, printer's error 265
feuille, sheet 307
feuille de titre, title page 343
feuillet, leaf 178
feuille volante, flysheet 148
fiche, card 56
fiche de renvoi, reference card 278
fiche principale, main card 191
fiche provisoire, temporary card 336
figure, picture 241
figurer, represent 284
force de corps, type size 354
fragment, fragment 152

gazette, newspaper 209
général, chief 66
glossaire, glossary 154
grand, large 176
graver, engrave 131
gravure, engraving 132
gravure à l'eau forte, etching 137
gravure en taille-douce, copperplate engraving 95
gravure sur bois, woodcut 370
guide, guide(-book) 155

histoire, history 157
hommage à ..., memorial volume 199
hymne, anthem 24

iconographie, iconography 158
idylle, idyll 159
illustrer, illustrate; represent 160; 284
image, picture 241

note infrapaginale, footnote 149
notice abrégée, abbreviated entry 2
notice nécrologique, obituary notice 216
notice sous le titre, title entry 342
nouvelle, short story 309
nouvelles et contes, fiction 146
numéro, number[1] 214

obituaire, obituary notice 216
oblong, oblong 217
œuvre, work 371
œuvres complètes *pl.*, complete works *pl.* 87
œuvres d'imagination, fiction 146
office, office 219
officiel, official 220
ordonner, arrange 29
ordre, order[1] 224
original, original 226
ouvrage, work 371
ouvrage de référence, reference work 280

page, page 228
page de titre, title page 343
pagination, paging 229
panégyrique, panegyric 230
papier, paper[1] 231
papyrus, papyrus 233
par, by; from 55; 153
paragraphe, paragraph 234
paraître, *be* published 272
parchemin, parchment 235
paroles *pl.*, text 337
part, partie, part 236
passim, passim 237
périodique *a.*, periodical[1] 238
périodique *n.*, periodical[2] 239
petit, little 188
photographie photograph 240
phototypie, collotype 76
pièce, piece 242
pièce de théâtre, play 246
plagiat, plagiarism 244
planche, plate 245
poème, poem 248
poème épique, epic 134
poésie, poetry 250
poète, poet 249
polémique, polemic 251
polyglotte, polyglot 252
portrait, portrait 253
postface, epilogue 135
posthume, posthumous 254
post-scriptum, postscript 255
pour, for 150
pourvoir, provide (with) 268
préface, preface 256
premier, chief; first 66; 147
préparer, prepare 257
prescription, prescription 258
président, president 259
presse, press[1] 260
prêt, lending 180
principal, chief 66
procès-verbal, minutes *pl.* 202
propos liminaire, preface 256
prose, prose 267
pseudonyme, pseudonym 269
publication, edition 124
publication à feuillets mobiles, loose-leaf book 190
publication qui a cessé de paraître, ceased publication 61
publier, edit[2]; publish 123; 271

ranger par ordre alphabétique, alphabetize 16
rapport, report[1] 283
rare, rare 275
rassembler, collect 74
recenser, review 288
récent, new 208
récit, story 324
recto, recto 277
recueil, collection 75
recueillir, collect 74
rédacteur, editor[1] 125
rédaction, editorial office 127
rédiger, edit[1] 122
refondre, rewrite 291
réfutation, refutation 281
registre, index; list 167; 184
règlement, statute[1] 323
réimpression, reprint[1] 285
relier, bind 45
reliure, binding 47
remanier, rewrite 291
remarque, note[1] 212
rendre compte (de), review 288
répertoire, repertory 282

APPENDIX

CALENDAR UNITS — TEMPORA

janvier, January	I
février, February	II
mars, March	III
avril, April	IV
mai, May	V
juin, June	VI
juillet, July	VII
août, August	VIII
septembre, September	IX
octobre, October	X
novembre, November	XI
décembre, December	XII
lundi, Monday	XIII
mardi, Tuesday	XIV
mercredi, Wednesday	XV
jeudi, Thursday	XVI
vendredi, Friday	XVII
samedi, Saturday	XVIII
dimanche, Sunday	XIX
an, année, year	XX
annuel, annual, yearly	XXI
semestriel, half-yearly, semi-annual	XXII
trimestriel, quarterly	XXIII
mois, month	XXIV
mensuel, monthly	XXV
bimensuel, semimensuel, fortnightly, semi-monthly	XXVI
semaine, week	XXVII
hebdomadaire, weekly	XXVIII
jour, day	XXIX
quotidien, daily	XXX

NUMERALS — NUMERI

1	**un, une**	one
2	**deux**	two
3	**trois**	three
4	**quatre**	four
5	**cinq**	five
6	**six**	six
7	**sept**	seven
8	**huit**	eight
9	**neuf**	nine
10	**dix**	ten
11	**onze**	eleven
12	**douze**	twelve
13	**treize**	thirteen
14	**quatorze**	fourteen
15	**quinze**	fifteen
16	**seize**	sixteen
17	**dix-sept**	seventeen
18	**dix-huit**	eighteen
19	**dix-neuf**	nineteen
20	**vingt**	twenty
21	**vingt et un**	twenty one
30	**trente**	thirty
40	**quarante**	forty
50	**cinquante**	fifty
60	**soixante**	sixty
70	**soixante-dix**	seventy
80	**quatre-vingt(s)**	eighty
90	**quatre-vingt-dix**	ninety

100 cent	hundred
200 deux cents	two hundred
300 trois cents	three hundred
400 quatre cents	four hundred
500 cinq cents	five hundred
600 six cents	six hundred
700 sept cents	seven hundred
800 huit cents	eight hundred
900 neuf cents	nine hundred
1000 mille	thousand
1. premier, -ère	first
2. deuxième, second, -e	second
3. troisième	third
4. quatrième	fourth
5. cinquième	fifth
6. sixième	sixth
7. septième	seventh
8. huitième	eighth
9. neuvième	ninth
10. dixième	tenth
11. onzième	eleventh
12. douzième	twelfth
13. treizième	thirteenth
14. quatorzième	fourteenth
15. quinzième	fifteenth
16. seizième	sixteenth
17. dix-septième	seventeenth
18. dix-huitième	eighteenth
19. dix-neuvième	nineteenth
20. vingtième	twentieth
21. vingt et unième	twenty-first
30. trentième	thirtieth
40. quarantième	fortieth
50. cinquantième	fiftieth
60. soixantième	sixtieth
70. soixante-dixième	seventieth
80. quatre-vingtième	eightieth
90. quatre-vingt-dixième	ninetieth
100. centième	hundredth
200. deux centième	two hundredth
300. trois centième	three hundredth
400. quatre centième	four hundredth
500. cinq centième	five hundredth
600. six centième	six hundredth
700. sept centième	seven hundredth
800. huit centième	eight hundredth
900. neuf centième	nine hundredth
1000. millième	thousandth

GERMAN – GERMANICA

Band, volume[1] 366
bearbeiten, adapt; edit[1] 8; 122
beglaubigt, authentic 34
behandeln, treat 351
Beiblatt, supplement 331
Beilage, supplement 331
beilegen, annex 20
beischließen, annex 20
Beitrag, contribution 93
Belletristik, fiction 146
Bemerkung, note[1] 212
Benutzung, use 362
berechtigen, authorize 37
Bericht, bulletin; report[1] 54; 283
besorgen (die Ausgabe), edit[1] 122
besprechen, criticize; review *v.* 105; 288
Bestand, inventory 173
Bestellung, order[2] 225
Bezeichnungsweise, notation 211
Bibliographie, bibliography 42
Bibliothek, library 183
Bibliothekar, librarian 182
Bild, picture 241
Bilddruck, engraving 132
Bildnis, portrait 253
Bildtafel, plate 245
binden, bind 45
Biobibliographie, author bibliography 36
Biographie, biography 48
bis, to 344
Blatt, leaf 178
Blattrand, margin 194
Blindenschrift, braille printing 52
Bogen, sheet 307
Brief, letter 181
Briefwechsel, correspondence 103
broschiertes Buch, paperback 232
Broschüre, booklet 50
Bruchstück, fragment 152
Buch, book 49
Buchbinderei, bindery 46
Buchdrucker, printer 264
Bücherkunde, bibliography 42
Büchermagazin, stack-room 320
Bücherspeicher, stack-room 320
Buchhandlung, bookshop 51
Buchkunde, bibliology 43
Buchladen, bookshop 51
Buchwesen, bibliology 43
Bühnenwerk, play 246
Bulletin, bulletin 54
Büro, office 219

Comics, comic strip 80
Comic strip, comic strip 80

das, the 339
defekt, defective; incomplete 110; 165
Denkschrift, memoir 196
der, the 339
Desiderat(um), desiderata *pl.* 113
Dezimalklassifikation, decimal classification 107
Dialog, dialog(ue) 114
dichten, write poetry 373
Dichter, poet 249
Dichtung, poem 248
die, the 339
Dissertation, thesis 340
Dokumentation, documentation 118
Doppelstück, duplicate 121
Drama, play 246
Drehbuch, scenario 294
drucken, print[1] 261
Drucker, printer 264
Druckerei, printing office 266
Druckerwerkstatt, printing office 266
Druckfehler, printer's error 265
Druckjahr, date of printing 106
Drucksache, printed matter 262
Druckvermerk, imprint 163
Dublette, duplicate 121

echt, authentic 34
ein, eine, ein, a, an 1
Einband, binding 47
einfügen, insert 169
einführen, introduce 171
Einführung, introduction 172
eingegangen, ceased publication 61
einleiten, introduce 171
Einleitung, introduction 172
Eintragung unter dem Sachtitel, title entry 342
einzig, only *a.* 223
Elegie, elegy 129
enthalten, contain 90
Entwurf, sketch 312

Enzyklopädie, encyclopaedia 130
Epilog, epilogue 135
Epistel, letter 181
Epos, epic 134
ergänzen, complete *v.* 86
Ergänzungen *pl.*, addenda *pl.* 10
Ergänzungs-, supplementary 332
Erinnerungen *pl.*, memoirs 197
erläutern, comment[1] *v.;* explain 81; 140
Erläuterung, commentary; explanation 82; 141
erscheinen, *be* published 272
erscheint nicht mehr, ceased publication 61
Erscheinungsvermerk, imprint 163
Erstausgabe, original edition 227
erste, first 147
erweitern, enlarge 133
erzählende Dichtung, fiction 146
Erzählung, short story; story 309; 324
Essay, essay[2] 136
Exemplar, copy[2] 97

Fabel, fable 143
Fachbibliographie, special bibliography 317
Fachbibliothek, special library 318
Faksimile, facsimile 144
Fälschung, forgery 151
Fassung, version 364
Festschrift, memorial volume 199
Figur, picture 241
Flugblatt, flysheet 148
fortsetzen, continue 92
Fortsetzung, sequel 304
Fragment, fragment 152
Freiexemplar, deposit copy 112
für, for 150
Fußnote, footnote 149

Gebrauch, use *n.* 363
gebrauchen, use *v.* 363
Gedächtnisrede, memorial speech 198
geheftetes Buch, paperback 232
gesammelte Werke *pl.*, complete works *pl.* 87
Gesamtausgabe, complete works *pl.* 87
Gesamtkatalog, union catalogue 358
Gesang, song 314
Geschichte, history 157
Gesellschaft, society 313
Gesetz, law 177
gesetzliche Pflichtablieferung, copyright deposit 99
gewidmet, dedicated 108
Glossar, glossary 154
gravieren, engrave 131
groß, large 176
auf **Grund des ...,** based/founded on the ... 41

Handbuch, handbook 156
Handbücherei, reference library 279
Handschrift, manuscript 192
Haupt-, chief 66
Hauptzettel, main card 191
Heft, booklet; number[2] 50; 215
heften, sew 306
Heldendichtung, epic 134
Heldengedicht, epic 134
herausgeben, edit[2] 123
Herausgeber, editor[2] 126
Hirtengedicht, idyll 159
Hochzeitslied, bridal/nuptial song 53
Holzschnitt, woodcut 370
Holztafeldruck, woodcut 370
Hymne, anthem 24

Idylle, idyll 159
Ikonographie, iconography 158
illustrieren, illustrate 160
Imitation, imitation 161
Impressum, imprint 163
in, in 164
Inhalt, contents *pl.* 91
Inhaltsverzeichnis, table of contents 334
Initiale, initial 168
Inkunabel, incunabula 166
Inserat, advertisement 11
Institut, institute 170
Interimsaufnahme, temporary card 336
Interimszettel, temporary card 336
Inventur, inventory 173

Jahr, year 376
Jahrbuch, year-book 377
Jahrbücher *pl.*, annals *pl.* 19
Jahrgang, volume[2] 367
Jahrhundert, century 62

Nachschrift, postscript 255
Nachträge *pl.*, addenda *pl.* 10
Nachwort, epilogue 135
Name, name 206
Nebeneintragung, added entry 9
Nekrolog, obituary notice 216
neu, new 208
Neudruck, reprint[1] 285
Normung, standardisation 321
Notation, notation 211
Note, note[1] 212
Noten *pl.*, printed music 263
Notiz, note[1] 212
Novelle, short story 309
Nummer, number[2] 215

ober-, chief 66
Ober-, chief 66
offiziell, official 220
ohne, without 369
o. O. u. J. → *ohne* Orts- und Jahresangabe
ordnen, arrange 29
Ordnungsnummer, location mark 189
original, original 226
Originalausgabe, original edition 227
Ort, place 243
ohne **Orts- und Jahresangabe (o. O. u. J.),** no place no date 210

Paginierung, paging 229
Paperback, paperback 232
Papier, paper[1] 231
Papyrus, papyrus 233
Paragraph, paragraph 234
passim, passim 237
Pergament, parchment 235
periodisch, periodical[1] 238
Personalbibliographie, author bibliography 36
Pflichtexemplar, deposit copy 112
Photographie, photograph 240
Plagiat, plagiarism 244
Poesie, poetry 250
polyglott, polyglot 252
Polyglott, polyglot 252
Polemik, polemic 251
Porträt, portrait 253
postum, posthumous 254
Präsenzbibliothek, reference library 279
Präsident, president 259
Preislied, panegyric 230
Presse, press[1] 260
Prosa, prose 267
Protokoll, minutes *pl.* 202
provisorischer Zettel, temporary card 336
Pseudonym, pseudonym 269

Quelle, source 316
quer, oblong 217

Rand, margin 194
Raster, screen 298
Recto, recto 277
Redakteur, editor[1] 125
Redaktion, editorial office 127
Rede, speech 319
Register, index 167
Reihe, series 305
Reisebuch, guide(-book) 155
Reiseführer, guide(-book) 155
Reklame, advertisement 11
Repertorium, repertory 282
Reproduktion, reproduction 286
Resumé, summary 330
revidieren, revise[1] 289
Revision, revision 290
rezensieren, criticize; review 288
Roman, novel 213
Romanliteratur, fiction 146
Rücken, back 40
Rückseite, verso 365
Rundschau, review 287

sammeln, collect 74
Sammlung, collection 75
sämtlich, complete *a.* 85
sämtliche Werke *pl.*, complete works *pl.* 87
Satz, matter 195
Schallplatte, record[1] 276
Schauseite, recto 277
Schauspiel, play 246
Schlagwort, subject heading 327
Schlußwort, epilogue 135
schreiben, write 372
Schreibmaschinenabschrift, typescript 353
Schrift, script 299
Schriftgrad, type size 354

APPENDIX

CALENDAR UNITS — TEMPORA

Januar, Jänner, January	I	**Dezember,** December	XII	**halbjährlich,** half-yearly, semi-annual	XXII
Februar, Feber, February	II	**Montag,** Monday	XIII	**vierteljährlich,** quarterly	XXIII
März, March	III	**Dienstag,** Tuesday	XIV	**Monat,** month	XXIV
April, April	IV	**Mittwoch,** Wednesday	XV	**monatlich,** monthly	XXV
Mai, May	V	**Donnerstag,** Thursday	XVI	**halbmonatlich,** fortnightly, semi-monthly	XXVI
Juni, June	VI	**Freitag,** Friday	XVII	**Woche,** week	XXVII
Juli, July	VII	**Samstag, Sonnabend,** Saturday	XVIII	**wöchentlich,** weekly	XXVIII
August, August	VIII	**Sonntag,** Sunday	XIX	**Tag,** day	XXIX
September, September	IX	**Jahr,** year	XX	**täglich,** daily	XXX
Oktober, October	X	**jährlich,** annual, yearly	XXI		
November, November	XI				

NUMERALS — NUMERI

1 **eins**	one	16 **sechzehn**	sixteen
2 **zwei**	two	17 **siebzehn**	seventeen
3 **drei**	three	18 **achtzehn**	eighteen
4 **vier**	four	19 **neunzehn**	nineteen
5 **fünf**	five	20 **zwanzig**	twenty
6 **sechs**	six	21 **einundzwanzig**	twenty-one
7 **sieben**	seven	30 **dreißig**	thirty
8 **acht**	eight	40 **vierzig**	forty
9 **neun**	nine	50 **fünfzig**	fifty
10 **zehn**	ten	60 **sechzig**	sixty
11 **elf**	eleven	70 **siebzig**	seventy
12 **zwölf**	twelve	80 **achtzig**	eighty
13 **dreizehn**	thirteen	90 **neunzig**	ninety
14 **vierzehn**	fourteen	100 **hundert**	hundred
15 **fünfzehn**	fifteen	200 **zweihundert**	two hundred

300 **dreihundert**	three hundred
400 **vierhundert**	four hundred
500 **fünfhundert**	five hundred
600 **sechshundert**	six hundred
700 **siebenhundert**	seven hundred
800 **achthundert**	eight hundred
900 **neunhundert**	nine hundred
1000 **tausend**	thousand
1. **erste**	first
2. **zweite**	second
3. **dritte**	third
4. **vierte**	fourth
5. **fünfte**	fifth
6. **sechste**	sixth
7. **siebente**	seventh
8. **achte**	eighth
9. **neunte**	ninth
10. **zehnte**	tenth
11. **elfte**	eleventh
12. **zwölfte**	twelfth
13. **dreizehnte**	thirteenth
14. **vierzehnte**	fourteenth
15. **fünfzehnte**	fifteenth
16. **sechzehnte**	sixteenth
17. **siebzehnte**	seventeenth
18. **achtzehnte**	eighteenth
19. **neunzehnte**	nineteenth
20. **zwanzigste**	twentieth
21. **einundzwanzigste**	twenty-first
30. **dreißigste**	thirtieth
40. **vierzigste**	fortieth
50. **fünfzigste**	fiftieth
60. **sechzigste**	sixtieth
70. **siebzigste**	seventieth
80. **achtzigste**	eightieth
90. **neunzigste**	ninetieth
100. **hundertste**	hundredth
200. **zweihundertste**	two hundredth
300. **dreihundertste**	three hundredth
400. **vierhundertste**	four hundredth
500. **fünfhundertste**	five hundredth
600. **sechshundertste**	six hundredth
700. **siebenhundertste**	seven hundredth
800. **achthundertste**	eight hundredth
900. **neunhundertste**	nine hundredth
1000. **tausendste**	thousandth

GERMAN ALPHABET

LITTERAE GERMANICAE

A a, Ä ä
B b
C c
D d
E e
F f
G g
H h
I i
J j
K k
L l
M m
N n
O o, Ö ö
P p
Q q
R r
S s, ß
T t
U u, Ü ü
V v
W w
X x
Y y
Z z

RUSSIAN–RUSSICA

mašinopis' (машинопись), typescript 353
memorandum (меморандум), memoir 196
memuary (мемуары) *pl.*, memoirs *pl.* 197
bez **mesta, bez goda; b. m., b. g.** (без места, без года; б. м., б. г.), no place no date 210
mesto (место), place 243
mikrofilm (микрофильм), microfilm 200
mikroplënka (микроплёнка), microfilm 200
miniatjura (миниатюра), miniature 201
mnogojazyčnyj (многоязычный), polyglot 252
monografija (монография), monograph(y) 204
muzyka (музыка), music 205
muzykal'noe izdanie (музыкальное издание), printed music 263

na (на), in; on 164; 222
nabor (набор), matter 195
nabrosok (набросок), sketch 312
nacional'naja biblioteka (национальная библиотека), national library 207
nadgrobnaja reč (надгробная речь), memorial speech 198
naučnaja fantastica (научная фантастика), science fiction 293
naučno-fantastičeskaja literatura (научно-фантастическая литература), science fiction 297
naučnye zapiski (научные записки) *pl.*, transactions 346
naučnyj traktat (научный трактат), treatise 352
nauka (наука), science 296
nebol'šoj (небольшой), little 188
nečëtnaja stranica (нечётная страница), recto 277
nedostovernyj (недостоверный), doubtful 119
neizdannyj (неизданный), unpublished 361
neizmennyj (неизменный), unchanged 356
nekomplektnyj (некомплектный), incomplete 165
nekrolog (некролог), obituary notice 216
neopublikovannyj (неопубликованный), unpublished 361
nepolnyj (неполный), incomplete 165
nomer (номер), number[1], number[2] 214; 215
normalizacija (нормализация), standardisation 321
noty (ноты) *pl.*, printed music 263
novella (новелла), short story; story 309; 324
novyj (новый), new 208
numeracija (нумерация), paging 229

o (о), about; on 3; 222
ob (об), about; on 3; 222
ob''jasnenie (объяснение), explanation 141
ob''jasnjat' (объяснять), explain 140
ob''javlenie (объявление), advertisement 11
objazatel'nyj ėkzempljar (обязательный экземпляр), deposit copy 112
oborotnaja storona lista (оборотная сторона листа), verso 365
obozrenie (обозрение), review *n.* 287
obščestvo (общество), society 313
obzor (обзор), review *n.* 287
očerk (очерк), essay[1]; sketch 136; 312
odin, odna, odno (один, одна, одно), a, an 1
oficial'nyj (официальный), official 220
ofort (офорт), copperplate 94
oglavlenie (оглавление), table of contents 334
opečatka (опечатка), printer's error 265
opisanie pod zaglaviem (описание под заглавием), title entry 342
oproverženie (опровержение), refutation 281
opublikovat' (опубликовать), edit[2] 123
original'nyj (оригинальный), original 226
original rukopisi (оригинал рукописи), autograph 39
na **osnovanii . . .** (на основании . . .), based/founded on the . . . 41
osnovnaja kartočka (основная карточка), main card 191
osnovnoj (основной), chief 66
ot (от), from 153
otbirat' (отбирать), select 302
otčët (отчёт) report[1] 283
otdel (отдел), section 301
otdel'nyj ottisk (отдельный оттиск), offprint 221
otpečatok (отпечаток), impression 162
ottisk (оттиск), impression 162
ottiskivat' (оттискивать), print 261

paginacija (пагинация), paging 229
panegirik (панегирик), panegyric 230
papirus (папирус), papyrus 233
paragraf (параграф), paragraph 234
pečat' (печать), press[1] 260
pečatat' (печатать), print 261
pečatnik (печатник), printer 264
pečatnoe (печатное), printed matter 262
perečen' (перечень), list 184
pereizdanie (переиздание), reprint 285
perepiska (переписка), correspondence 103
pereplët (переплёт), binding 47
perepletat' (переплетать), bind 45

APPENDIX

CALENDAR UNITS — TEMPORA

janvar' (январь), January	I
fevral' (февраль), February	II
mart (март), March	III
aprel' (апрель), April	IV
maj (май), May	V
ijun' (июнь), June	VI
ijul' (июль), July	VII
avgust (август), August	VIII
sentjabr' (сентябрь), September	IX
oktjabr' (октябрь), October	X
nojabr' (ноябрь), November	XI
dekabr' (декабрь), December	XII
ponedeĺnik (понедельник), Monday	XIII
vtornik (вторник), Tuesday	XIV
sreda (среда) Wednesday	XV
četverg (четверг), Thursday	XVI
pjatnica (пятница), Friday	XVII
subbota (суббота), Saturday	XVIII
voskresen'e (воскресенье), Sunday	XIX
god (год), year	XX
ežegodnyj (ежегодный), **godovoj** (годовой), annual, yearly	XXI
polugodovoj (полугодовой), **šestimesjačnyj** (шестимесячный), semi-annual	XXII
trëhmesjačnyj (трёхмесячный), quarterly	XXIII
mesjac (месяц), month	XXIV
ežemesjačnyj (ежемесячный), monthly	XXV
polumesjačnyj (полумесячный), fortnightly, semi-monthly	XXVI
nedelja (неделя), week	XXVII
eženedel'nyj (еженедельный), weekly	XXVIII
den' (день), day	XXIX
eždnevnyj (ежедневный), daily	XXX

NUMERALS — NUMERI

1	**odin, odna, odno** (один, одна, одно)	one
2	**dva, dve** (два, две)	two
3	**tri** (три)	three
4	**četyre** (четыре)	four
5	**pjať** (пять)	five
6	**šesť** (шесть)	six
7	**sem'** (семь)	seven
8	**vosem'** (восемь)	eight
9	**devjať** (девять)	nine
10	**desjať** (десять)	ten
11	**odinnadcať** (одиннадцать)	eleven
12	**dvenadcať** (двенадцать)	twelve
13	**trinadcať** (тринадцать)	thirteen

14	**četyrnadcať** (четырнадцать)	fourteen
15	**pjatnadcať** (пятнадцать)	fifteen
16	**šestnadcať** (шестнадцать)	sixteen
17	**semnadcať** (семнадцать)	seventeen
18	**vosemnadcať** (восемнадцать)	eighteen
19	**devjatnadcať** (девятнадцать)	nineteen
20	**dvadcať** (двадцать)	twenty
21	**dvadcať odin** (двадцать один)	twenty-one
30	**tridcať** (тридцать)	thirty
40	**sorok** (сорок)	forty
50	**pjaťdesjat** (пятьдесят)	fifty
60	**šesťdesjat** (шестьдесят)	sixty
70	**sem'desjat** (семьдесят)	seventy
80	**vosem'desjat** (восемьдесят)	eighty
90	**devjanosto** (девяносто)	ninety
100	**sto** (сто)	hundred
200	**dvesti** (двести)	two hundred
300	**trista** (триста)	three hundred
400	**četyresta** (четыреста)	four hundred
500	**pjaťsot** (пятьсот)	five hundred
600	**šesťsot** (шестьсот)	six hundred
700	**sem'sot** (семьсот)	seven hundred
800	**vosem'sot** (восемьсот)	eight hundred
900	**devjaťsot** (девятьсот)	nine hundred
1000	**tysjača** (тысяча)	thousand
1.	**pervyj, -aja, -oe** (первый, -ая, -ое)	first
2.	**vtoroj, -aja, -oe** (второй, -ая, -ое)	second
3.	**tretij** (третий)	third
4.	**četvërtyj** (четвëртый)	fourth
5.	**pjatyj** (пятый)	fifth
6.	**šestoj** (шестой)	sixth
7.	**sed'moj** (седьмой)	seventh
8.	**vos'moj** (восьмой)	eighth
9.	**devjatyj** (девятый)	ninth
10.	**desjatyj** (десятый)	tenth
11.	**odinnadcatyj** (одиннадцатый)	eleventh
12.	**dvenadcatyj** (двенадцатый)	twelfth
13.	**trinadcatyj** (тринадцатый)	thirteenth
14.	**četyrnadcatyj** (четырнадцатый)	fourteenth
15.	**pjatnadcatyj** (пятнадцатый)	fifteenth
16.	**šestnadcatyj** (шестнадцатый)	sixteenth
17.	**semnadcatyj** (семнадцатый)	seventeenth
18.	**vosemnadcatyj** (восемнадцатый)	eighteenth
19.	**devjatnadcatyj** (девятнадцатый)	nineteenth
20.	**dvadcatyj** (двадцатый)	twentieth
21.	**dvadcať pervyj** (двадцать первый)	twenty-first
30.	**tridcatyj** (тридцатый)	thirtieth
40.	**sorokovoj** (сороковой)	fortieth
50.	**pjatidesjatyj** (пятидесятый)	sixtieth
60.	**šestidesjatyj** (шестидесятый)	fiftieth
70.	**semidesjatyj** (семидесятый)	seventieth
80.	**vos'midesjatyj** (восьмидесятый)	eightieth
90.	**devjanostyj** (девяностый)	ninetieth
100.	**sotyj** (сотый)	hundredth
200.	**dvuhsotyj** (двухсотый)	two hundredth
300.	**trëhsotyj** (трëхсотый)	three hundredth
400.	**četyrëhsotyj** (четырëхсотый)	four hundredth
500.	**pjatisotyj** (пятисотый)	five hundredth
600.	**šestisotyj** (шестисотый)	six hundredth
700.	**semisotyj** (семисотый)	seven hundredth
800.	**vos'misotyj** (восьмисотый)	eight hundredth
900.	**devjatisotyj** (девятисотый)	nine hundredth
1000.	**tysjačnyj** (тысячный)	thousandth

RUSSIAN (CYRILLIC) ALPHABET. TRANSLITERATION
LITTERAE RUSSICAE (CYRILLIANAE). TRANSLITTERATIO

А а,	**a**	К к,	**k**	Х х,	**h, ch**
Б б,	**b**	Л л,	**l**	Ц ц,	**c**
В в,	**v**	М м,	**m**	Ч ч,	**č**
Г г,	**g**	Н н,	**n**	Ш ш,	**š**
Д д,	**d**	О о,	**o**	Щ щ,	**šč**
Е е, Ё ё	**e, ë**	П п,	**p**	Ъ ъ,	**"**
Ж ж,	**ž**	Р р,	**r**	Ы ы	**y**
З з,	**z**	С с,	**s**	Ь ь,	**'**
И и,	**i**	Т, т,	**t**	Э э,	**ė**
Й й,	**j**	У у,	**u**	Ю ю,	**ju**
		Ф ф,	**f**	Я я,	**ja**

SPANISH – HISPANICA

disco, record[1] 276
discurso, speech 319
discurso conmemorativo, memorial speech 198
diseño, drawing; sketch 120; 312
disertación, thesis; treatise 340; 352
disertar, treat 351
en **diversos sitios,** passim 237
documentación, documentation 118
documento, document 117
drama, play 246
dudoso, doubtful 119
duplicado, copy[1]; duplicate 96; 121

edición, edition 124
edición original, original edition 227
edición príncipe, original edition 227
editar, edit[1]; edit[2]; publish 122; 123; 271
editor, editor[2]; publisher[1] 126; 273
editorial, publishing house 274
ejemplar, copy[2] 97
ejemplar de depósito legal, deposit copy 112
ejemplar mecanografiado, typescript 353
el, the 339
elaborar, elaborate 128
elegía, elegy 129
elegir, select 302
elogio, panegyric 230
emplear, use *v.* 363
empleo, use *n.* 362
en, in 164
encabezamiento secundario (España), added entry 9
enciclopedia, encyclopaedia 130
encuadernación, binding 47
encuadernar, bind 45
encuadernar en rústica, sew 306
enmendar, correct 101
ensayo, essay[1] 136
entero, complete *a.* 85
entrada secundaria (Hispanoamérica), added entry 9
epílogo, epilogue 135
epístola, letter 181
epitalamio, bridal/nuptial song 53
epítome, extract 142
epopeya, epic 134
error de imprenta, printer's error 265
error tipográfico, printer's error 265
esbozo, sketch 312
escala, scale 293
escoger, select 302
escribir, write 372
escritor, writer 374
escritura, script 299
escritura Braille, braille printing 52
escuela, school 295
estampa, copperplate engraving 95
estampar, print[1] 261
estandartización, standardisation 321
estatuto, law; statute[1] 177; 323
estenografía, shorthand 308
estrofa, strophe 325
estudio, study 326
exhibición, exhibition 139
explicación, explanation 141
explicar, explain 140
exposición, exhibition 139
extracto, extract 142

fábula, fable 143
facsímile, facsimile 144
falsificación, forgery 151
fascículo, number[2] 215
fecha de impresión, date of printing 106
ficha, card 56
ficha de referencia, reference card 278
ficha principal, main card 191
ficha provisional, temporary card 336
ficha secundaria, added entry 9
figura, picture 241
figurar, represent 284
folleto, flysheet 148
fotografía, photograph 240
fototipia, collotype 76
fragmento, fragment 152
fuente, source 316
fuerza del cuerpo, type size 354

gaceta, newspaper 209
general, chief 66
glosario, glossary 154
grabado, engraving 132
grabado al agua fuerte, etching 137

narración, story 324
necrología, obituary notice 216
nombre, name 206
normalización, standardisation 321
no se publicó más, ceased publication 61
nota, annotation; note[1] 22; 212
nota al pie, footnote 149
notación, notation 211
notas tipográficas, imprint 163
novela, novel 213
novela corta, short story; story 309; 324
novelas y cuentos, fiction 146
nuevo, new 208
número, number[1] 214

oblongo, oblong 217
obra, work 371
obra de consulta, reference work 280
obras completas *pl.*, complete works *pl.* 87
obras póstumas *pl.*, literary remains *pl.* 185
oficial, official 220
oficina, office 219
opúsculo polémico, polemic 251
oración, speech 319
orden, order[1] 224
orden alfabético, alphabetical order 15
ordenar, arrange 29
original, original 226

página, page 228
paginación, paging 229
palabra de título, subject heading 327
panegírico, panegyric 230
pantalla, screen 298
papel, paper[1] 231
papiro, papyrus 233
para, for 150
párrafo, paragraph 234
parte, part; section 236; 301
partitura, printed music 263
pedido, order[2] 225
pequeño, little 188
pergamino, parchment 235
periódico, periodical[1]; periodical[2] 238; 239
pie de imprenta, imprint 163
pieza, piece 242
pieza de teatro, play 246
plagio, plagiarism 244
plancha, plate 245
poema, poem 248
poema épico, epic 134
poesía, poetry 250
poeta, poet 249
polémica, polemic 251
poligloto, polyglot 252
por, by; for; from 55; 150; 153
portada, title page 343
posdata, postscript 255
póstumo, posthumous 254
prefacio, preface 256
prensa, press[1] 260
preparar, edit[1]; prepare 122; 257
prescripción, prescription 258
presidente, president 259
préstamo, lending 180
primera, first 147
primer(o), first 147
principal, chief 66
prosa, prose 267
proveer, provide (with) 268
publicación, edition 124
publicar, edit[2]; publish 123; 271
publicarse, *be* published 272

raro, rare 275
reciente, new 208
recoger, collect; summarize 74; 329
recopilar, compile 84
rectificar, correct 101
recto, recto 277
redacción, editorial office 127
redactor, editor[1] 125
refundir, rewrite 291
refutación, refutation 281
registro, list 184
regla(mento), prescription 258
reimpresión, reprint[1] 285
relación, report[1] 283
relato, report[1]; story 283; 324
repertorio, repertory 282
reproducción, reprint[1]; reproduction 285; 286
reseñar, review 288
resto, literary remains *pl.* 185

resumen, summary 330
resumir, summarize 329
retrato, portrait 253
reunir, summarize 329
revisar, revise[1] 289
revisión, revision 290
revista, periodical[2]; review 239; 287
revista de modas, fashion magazine 145

salir, *be* published 272
sección, section 301
selección, selection 303
sentencia, adage 7
serie, series 305
servicio de abono, subscription 328
servicio de canje, exchange centre 138
sesión, sitting 311
seudónimo, pseudonym 269
siglo, century 62
signatura, signature 310
signatura topográfica, location mark 189
sin, without 369
s. l. s. a. → *sin* lugar sin año
sobre, on 222
sociedad, society 313
subscripción, subsription 328
sumario, table of contents 334
suplementario, supplementary 332
suplemento, addenda *pl.;* supplement 10; 331

tabla, table 333
tabla de materias, table of contents 334
taller de encuadernación, bindery 46
taller de encuadernador, bindery 46
tebeo, comic (news)paper 79
texto, text 337
tipografía, printing office; typography 226; 355
tirada, impression 162
tirada aparte, offprint 221
tiraje, impression 162
tiraje aparte, offprint 221
título, title 341
título actual, running title 292
tomo, volume[1] 366
traducción, translation 349
traducir, translate 348
tragedia, tragedy 345
trama, screen 298
transcripción, transcription 347
transliteración, transliteration 350
tratado, treatise 352
tratar, treat 351
trozo, fragment 152

un, a, an 1
una, a, an 1
único, only 223
universidad, university 359
uno, a, an 1
usar, use *v.* 363
uso, use *n.* 362

variante, version 364
versión, version 364
verso[1], poem 248
verso[2], verso 365
viejo, ancient 17
vocabulario, dictionary; glossary 116; 154
volumen, volume[1] 366
volumen conmemorativo, memorial volume 199

xerografía, xerography 375
xilografía, woodcut 370

y, and 18

APPENDIX

CALENDAR UNITS — TEMPORA

enero, January	I
febrero, February	II
marzo, March	III
abril, April	IV
mayo, May	V
junio, June	VI
julio, July	VII
agosto, August	VIII
septiembre, September	IX
octubre, October	X
noviembre, November	XI
diciembre, December	XII
lunes, Monday	XIII
martes, Tuesday	XIV
miércoles, Wednesday	XV
jueves, Thursday	XVI
viernes, Friday	XVII
sábado, Saturday	XVIII
domingo, Sunday	XIX
año, year	XX
anual, annual, yearly	XXI
semestral, half-yearly, semi-annual	XXII
trimestral, quarterly	XXIII
mes, month	XXIV
mensual, monthly	XXV
semimensual, fortnightly, semi-monthly	XXVI
semana, week	XXVII
semanal, weekly	XXVIII
día, day	XXIX
cotidiano, diario, daily	XXX

NUMERALS — NUMERI

1	**uno, una, un**	one
2	**dos**	two
3	**tres**	three
4	**cuatro**	four
5	**cinco**	five
6	**seis**	six
7	**siete**	seven
8	**ocho**	eight
9	**nueve**	nine
10	**diez**	ten
11	**once**	eleven
12	**doce**	twelve
13	**trece**	thirteen
14	**catorce**	fourteen
15	**quince**	fifteen
16	**diez y seis**	sixteen
17	**diez y siete**	seventeen
18	**diez y ocho**	eighteen
19	**diez y nueve**	nineteen
20	**veinte**	twenty
21	**veinte y uno**	twenty-one
30	**treinta**	thirty
40	**cuarenta**	forty
50	**cincuenta**	fifty
60	**sesenta**	sixty
70	**setenta**	seventy
80	**ochenta**	eighty
90	**noventa**	ninety
100	**cien(to)**	hundred
200	**doscientos**	two hundred

300 trescientos	three hundred
400 cuatrocientos	four hundred
500 quinientos	five hundred
600 seiscientos	six hundred
700 setecientos	seven hundred
800 ochocientos	eight hundred
900 novecientos	nine hundred
1000 mil	thousand
1. primer(o), -ra	first
2. segundo, -da	second
3. tercer(o), tercio	third
4. cuarto	fourth
5. quinto	fifth
6. sexto	sixth
7. séptimo	seventh
8. octavo	eighth
9. noveno, nono	ninth
10. décimo	tenth
11. undécimo	eleventh
12. duodécimo	twelfth
13. décimotercio	thirteenth
14. décimocuarto	fourteenth
15. décimoquinto	fifteenth
16. décimosexto	sixteenth
17. décimoséptimo	seventeenth
18. décimooctavo	eighteenth
19. décimonono	nineteenth
20. vigésimo	twentieth
21. vigésimo primo	twenty-first
30. trigésimo	thirtieth
40. cuadragésimo	fortieth
50. quincuagésimo	fiftieth
60. sexagésimo	sixtieth
70. septuagésimo	seventieth
80. octogésimo	eightieth
90. nonagésimo	ninetieth
100. centésimo	hundredth
200. ducentésimo	two hundredth
300. tricentésimo	three hundredth
400. cuadringentésimo	four hundredth
500. quingentésimo	five hundredth
600. sexcentésimo	six hundredth
700. septingentésimo	seven hundredth
800. octingentésimo	eight hundredth
900. noningentésimo	nine hundredth
1000. milésimo	thousandth

SPANISH ALPHABET

LITTERAE HISPANICAE

A a	**J j**	**R r**
B b	**K k**	**S s**
C c	**L l**	**T t**
Ch ch	**Ll ll**	**U u**
D d	**M m**	**V v**
E e	**N n**	**X x**
F f	**Ñ ñ**	**Y y**
G g	**O o**	**Z z**
H h	**P p**	
I i	**Q q**	

BULGARIAN–BULGARICA

inventar (инвентар), inventory 173
istinski (истински), authentic 34
istorija (история), history 157
izbiram (избирам), select 302
izbrani otkâsi (избрани откъси), selection 303
izdanie (издание), edition 124
izdanie s meka podvârzija (издание с мека подвързия), paperback 232
izdatel (издател), editor; publisher 126; 273
izdatelski danni (издателски данни) *pl.* imprint 163
izdavam (издавам), edit; publish 123; 271
izdavam se (издавам се), *be* published 272
izkustvo (изкуство), art 30
izlizam (излизам), *be* published 272
izložba (изложба), exhibition 139
izobrazjavam (изобразявам), represent 284
izrabotvam (изработвам), elaborate 128
iztočnik (източник), source 316
izvadka (извадка), extract 142
izvestija (известия) *pl.*, bulletin; transactions *pl.* 54; 346
izvlečenie (извлечение), extract 142
izvor (извор), source 316

-ja (-я), the 339
-jat (-ят), the 339
jubileen sbornik (юбилеен сборник), memorial volume 199

kartička (картичка), card 56
kartina (картина), picture 241
kartonče (картонче), card 56
katalog (каталог), catalog(ue) *n.* 58
katalogizacija (каталогизация), cataloging 60
katalogiziram (каталогизирам), catalog(ue) *v.* 59
kataložno kartonče (каталожно картонче), card 56
klasifikacija (класификация), classification 69
klauza (клауза), clouse 70
kniga (книга), book 49
knigohranilište (книгохранилище), stack-room 320
knigoizdatelstvo (книгоиздателство), publishing house 274
knigoobmenna služba (книгообменна служба), exchange centre 138
knigoveznica (книговезница), bindery 46
knigozaemane (книгозаемане), lending 180
knigoznanie (книгознание), bibliology 43
knižarnica (книжарница), bookshop 51
knižka (книжка), booklet; number[2] 50; 215
knižnina (книжнина), literature 186
kodeks (кодекс), codex 71
kola (кола), sheet 307
kolektiven avtor (колективен автор), corporate author 100
kolona (колона), column 77
kolontitul (колонтитул), running title 292
komedija (комедия), comedy 78
komentar (коментар), commentary 82
komentiram (коментирам), comment 81
komiks (комикс), comic strip 80
komisija (комисия), committee 83
komitet (комитет), committee 83
komplekten (комплектен), complete *a.* 85
komplektuvam (комплектувам), complete *v.* 86
konferencija (конференция), conference 88
kongres (конгрес), congress 89
korekcija (корекция), correction 102
korespondencija (кореспонденция), correspondence 103
kritika (критика), critique 104
kritikuvam (критикувам), criticize 105
kserografija (ксерография), xerography 375
kuplet (куплет), strophe 325

lekcija (лекция), lecture 179
na **lenta** (на лента), on tape 335
letopisi (летописи) *pl.*, annals *pl.* 19
lice na list (лице на лист), recto 277
list (лист), leaf; sheet 178; 307
listovo izdanie (листово издание), loose-leaf book 190
literatura (литература), literature 186
literaturno nasledstvo (литературно наследство), literary remains *pl.* 185
litografija (литография), litograph(y) 187

maksima (максима), adage 7
malâk (малък), little 188
masova biblioteka (масова библиотека), public library 270
mašinopisen ekzempljar (машинописен екземпляр), typescript 353
maštab (мащаб), scale 293
medna gravjura (медна гравюра), copperplate 94

APPENDIX

CALENDAR UNITS — TEMPORA

januari (януари), January	I
fevruari (февруари), February	II
mart (март), March	III
april (април), April	IV
maj (май), May	V
juni (юни), June	VI
juli (юли), July	VII
avgust (август), August	VIII
septemvri (септември), September	IX
oktomvri (октомври), October	X
noemvri (ноември), November	XI
dekemvri (декември), December	XII
ponedelnik (понеделник), Monday	XIII
vtornik (вторник), Tuesday	XIV
srjada (сряда), Wednesday	XV
četvârtâk (четвъртък), Thursday	XVI
petâk (петък), Friday	XVII
sâbota (събота), Saturday	XVIII
nedelja (неделя), Sunday	XIX
godina (година), year	XX
godišen (годишен), yearly	XXI
polugodišen (полугодишен), half-yearly	XXII
trimesečen (тримесечен), quarterly	XXIII
mesec (месец), month	XXIV
mesečen (месечен), monthly	XXV
polumesečen (полумесечен), fortnightly	XXVI
sedmica (седмица), week	XXVII
sedmičen (седмичен), weekly	XXVIII
den (ден), day	XXIX
vsekidneven (всекидневен), daily	XXX

NUMERALS — NUMERI

1	**edin, edna, edno** (един, една, едно)	one
2	**dva, dve** (два, две)	two
3	**tri** (три)	three
4	**četiri** (четири)	four
5	**pet** (пет)	five
6	**šest** (шест)	six
7	**sedem** (седем)	seven
8	**osem** (осем)	eight
9	**devet** (девет)	nine
10	**deset** (десет)	ten
11	**edinadeset** (единадесет)	eleven
12	**dvanadeset** (дванадесет)	twelve
13	**trinadeset** (тринадесет)	thirteen
14	**četirinadeset** (четиринадесет)	fourteen
15	**petnadeset** (петнадесет)	fifteen
16	**šestnadeset** (шестнадесет)	sixteen
17	**sedemnadeset** (седемнадесет)	seventeen

18	**osemnadeset** (осемнадесет)	eighteen
19	**devetnadeset** (деветнадесет)	nineteen
20	**dvadeset** (двадесет)	twenty
21	**dvadeset i edin** (двадесет и един)	twenty one
30	**trideset** (тридесет)	thirty
40	**četirideset** (четиридесет)	forty
50	**petdeset** (петдесет)	fifty
60	**šestdeset** (шестдесет)	sixty
70	**sedemdeset** (седемдесет)	seventy
80	**osemdeset** (осемдесет)	eighty
90	**devetdeset** (деветдесет)	ninety
100	**sto** (сто)	hundred
200	**dvesta** (двеста)	two hundred
300	**trista** (триста)	three hundred
400	**četiristotin** (четиристотин)	four hundred
500	**petstotin** (петстотин)	five hundred
600	**šeststotin** (шестстотин)	six hundred
700	**sedemstotin** (седемстотин)	seven hundred
800	**osemstotitn** (осемстотин)	eight hundred
900	**devetstotin** (деветстотин)	nine hundred
1000	**hiljada** (хиляда)	thousand
1.	**pârvi, -a, -o** (първи, -а, -о)	first
2.	**vtori** (втори)	second
3.	**treti** (трети)	third
4.	**četvârti** (четвърти)	fourth
5.	**peti** (пети)	fifth
6.	**šesti** (шести)	sixth
7.	**sedmi** (седми)	sevenrh
8.	**osmi** (осми)	eighth
9.	**deveti** (девети)	ninth
10.	**deseti** (десети)	tenth
11.	**edinadeseti** (единадесети)	eleventh
12.	**dvanadeseti** (дванадесети)	twelfth
13.	**trinadeseti** (тринадесети)	thirteenth
14.	**četirinadeseti** (четиринадесети)	fourteenth
15.	**petnadeseti** (петнадесети)	fifteenth
16.	**šestnadeseti** (шестнадесети)	sixteenth
17.	**sedemnadeseti** (седемнадесети)	seventeenth
18.	**osemnadeseti** (осемнадесети)	eighteenth
19.	**devetnadeseti** (деветнадесети)	nineteenth
20.	**dvadeseti** (двадесети)	twentieth
21.	**dvadeset i pârvi** (двадесет и първи)	twenty first
30.	**trideseti** (тридесети)	thirtieth
40.	**četirideseti** (четиридесети)	fortieth
50.	**petdeseti** (петдесети)	fiftieth
60.	**šestdeseti** (шестдесети)	sixtieth
70.	**sedemdeseti** (седемдесети)	seventieth
80.	**osemdeseti** (осемдесети)	eightieth
90.	**devetdeseti** (деветдесети)	ninetieth
100.	**stoten** (стотен)	hundredth
200.	**dvestoten** (двестотен)	two hundredth
300.	**tristoten** (тристотен)	three hundredth
400.	**četiristoten** (четиристотен)	four hundredth
500.	**petstoten** (петстотен)	five hundredth
600.	**šeststoten** (шестстотен)	six hundredth
700.	**sedemstoten** (седемстотен)	seven hundredth
800.	**osemstoten** (осемстотен)	eight hundredth
900.	**devetstoten** (деветстотен)	nine hundredth
1000.	**hiljaden** (хиляден)	thousand

BULGARIAN (CYRILIC) ALPHABET. TRANSLITERATION
LITTERAE BULGARICAE (CYRILLIANAE). TRANSLITTERATIO

А а,	**a**	И и,	**i**	Р р,	**r**	Ш ш,	**š**
Б б,	**b**	Й й,	**j**	С с,	**s**	Щ щ,	**št**
В в,	**v**	К к,	**k**	Т т,	**t**	Ъ ъ,	**â**
Г г,	**g**	Л л,	**l**	У у,	**u**	Ь ь,	**'**
Д д,	**d**	М м,	**m**	Ф ф,	**f**	Ю ю,	**ju**
Е е,	**e**	Н н,	**n**	Х х,	**h**	Я я,	**ja**
Ж ж,	**ž**	О о,	**o**	Ц ц,	**c**		
З з,	**z**	П п,	**p**	Ч ч,	**č**		

CROATIAN – CROATICA

izvor, source 316
izvorni rukopis, autograph 39

javna knjižnica, public library 270
jedan, jena, jedno, a, an 1
jedini, only 223
jezik, language 175

k, to 344
ka, to 344
kamenotisak, lithograph(y) 187
katalog, catalog(ue) *n.* 58
katalogizacija, cataloging 60
katalogizirati, catalog(ue) *v.* 59
katalog na listićima, card index 57
kataloški listić, card 56
kazališni komad, play 246
kazalo, table of contents 334
kitica, strophe 325
klasifikacija, classification 69
klauzula, clause 70
knjiga, book 49
knjiga sastavljena od slobodnih listova, loose-leaf book 190
knjiga snimanja, scenario 294
knjiga za decu, children's book 67
knjigovežnica, bindery 46
knjižara, bookshop 51
književna krada, plagiarism 244
književnik, writer 374
književnost, literature 186
knjižnica, library 183
knjižni listić, card 56
kodeks, codex 71
kollektivni autor, corporate author 100
komad, piece 242
komedija, comedy 78
komentar, comment(ary) 82
komentirati, comment[1] *v.* 81
komisija, committee 83
konferencija, conference 88
kongres, congress 89
kopija, copy[1] 96
korektura, correction 102
koristiti, use *v.* 363
korišćenje, use *n.* 362
korporativni autor, corporate author 100
kritika, critique 104
kritizirati, criticize 105
krivotvorina, forgery 151
kserografija, xerography 375

lekcija, lecture 179
letak, flysheet 148
lijepa književnost, fiction 146
list, leaf; letter; newspaper 178; 181; 209
listić, card 56
literatura, literature 186
litografija, lithograph(y) 187
ljeto, year 376
ljetopisi *pl.*, annals *pl.* 19

na **magnetofonskoj vrpci**, tape, on tape 335
mali, little 188
manjkav, incomplete 165
margina, margin 194
memoari *pl.*, memoirs *pl.* 197
memorandum, memoir 196
mijenjati, change[1] 63
mijenjati se, change[2] 64
mikrofilm, microfilm 200
minijatura, miniature 201
miscelanea *pl.*, miscellanea *pl.* 203
mjerilo, scale 293
mjesna signatura, location mark 189
bez **mjesta i godine (bez mj. i god.)**, no place no date 210
mjesto, place 243
mnogojezičan, polyglot 252
modni časopis, fashion magazine 145
monografija, monograph(y) 204
mudra izreka, adage 7
muzika, music 205

na, in; on 164; 222
nakladnik, editor[2] 126
nakladno poduzeće, publishing house 274
naličje, verso 365
napomena, annotation; note[1] 22; 212
naredba, order[1] 224
narodna knjižnica, national library 207
narudžba order[2] 225

APPENDIX

CALENDAR UNITS — TEMPORA

siječanj, January	I	**prosinac,** December	XII	**polugodišnji,** half-yearly, semi-annual	XXII
veljača, February	II	**ponedjeljak,** Monday	XIII	**tromjesečni,** quarterly	XXIII
ožujak, March	III	**utornik,** Tuesday	XIV	**mjesec,** month	XXIV
travanj, April	IV	**srijeda,** Wednesday	XV	**mjesečni,** monthly	XXV
svibanj, May	V	**četvrtak,** Thursday	XVI	**polumjesečni,** fortnightly, semi-monthly	XXVI
lipanj, June	VI	**petak,** Friday	XVII	**sedmica, tjedan,** week	XXVII
srpanj, July	VII	**subota,** Saturday	XVIII	**sedmični, tjedni,** weekly	XXVIII
kolovoz, August	VIII	**nedelja,** Sundap	XIX	**dan,** day	XXIX
rujan, September	IX	**godina,** year	XX	**dnevni,** daily	XXX
listopad, October	X	**gidišnji,** annual, yearly	XXI		
studeni, November	XI				

NUMERALS — NUMERI

1	**jedan, -dna, -dno**	one	16	**šesnaest**	sixteen
2	**dva**	two	17	**sedamnaest**	seventeen
3	**tri**	three	18	**osamnaest**	eighteen
4	**četiri**	four	19	**devetnaest**	nineteen
5	**pet**	five	20	**dvadeset**	twenty
6	**šest**	six	21	**dvadeset i jedan**	twenty-one
7	**sedam**	seven	30	**trideset**	thirty
8	**osam**	eight	40	**četrdeset**	forty
9	**devet**	nine	50	**pedeset**	fifty
10	**deset**	ten	60	**šezdeset**	sixty
11	**jedanaest**	eleven	70	**sedamdeset**	seventy
12	**dvanaest**	twelve	80	**osamdeset**	eighty
13	**trinaest**	thirteen	90	**devedeset**	ninety
14	**četrnaest**	fourteen	100	**sto**	hundred
15	**petnaest**	fifteen	200	**dvesta, dve stotine**	two hundred

300 **trista, tri stotine**	three hundred
400 **četiristo, četiri stotine**	four hundred
500 **petsto, pet stotina**	five hundred
600 **šeststo**	six hundred
700 **sedamsto**	seven hundred
800 **osamsto**	eight hundred
900 **devetsto**	nine hundred
1000 **tisuća**	thousand
1. **prvi, -a, -o**	first
2. **drugi**	second
3. **treći**	third
4. **četvrti**	fourth
5. **peti**	fifth
6. **šesti**	sixth
7. **sedmi**	seventh
8. **osmi**	eighth
9. **deveti**	ninth
10. **deseti**	tenth
11. **jedanaesti**	eleventh
12. **dvanaesti**	twelfth
13. **trinaesti**	thirteenth
14. **četrnaesti**	fourteenth
15. **petnaesti**	fifteenth
16. **šesnaesti**	sixteenth
17. **sedamnaesti**	seventeenth
18. **osamnaesti**	eighteenth
19. **devetnaesti**	nineteenth
20. **dvadeseti**	twentieth
21. **dvadeset i prvi**	twenty-first
30. **trideseti**	thirtieth
40. **četrdeseti**	fortieth
50. **pedeseti**	fiftieth
60. **šezdeseti**	sixtieth
70. **sedamdeseti**	seventieth
80. **osamdeseti**	eightieth
90. **devedeseti**	ninetieth
100. **stoti**	hundredth
200. **dvestoti**	two hundredth
300. **tristoti**	three hundredth
400. **četiristoti**	four hundredth
500. **petstoti**	five hundredth
600. **šeststoti**	six hundredth
700. **sedamstoti**	seven hundredth
800. **osamstoti**	eight hundredth
900. **devetstoti**	nine hundredth
1000. **tisući**	thousandth

CROATIAN ALPHABET

LITTERAE CROATICAE

A a	**G g**	**O o**
B b	**H h**	**P p**
C c	**I i**	**R r**
Č č	**J j**	**S s**
Ć ć	**K k**	**Š š**
D d	**L l**	**T t**
Dž dž	**Lj lj**	**U u**
Đ đ	**M m**	**V v**
E e	**N n**	**Z z**
F f	**Nj nj**	**Ž ž**

CZECH – BOHEMICA

redakce, editorial office 127
redaktor, editor[1] 125
redaktorství, editorial office 127
referát, lecture; report[1] 179; 283
rejstřík, repertory; table of contents 282; 334
reklama, advertisement 11
repertorium, repertory 282
reprodukce, reproduction 286
resumé, summary 330
resumovat, summarize 329
revidovat, revise[1] 289
revize, revision 290
revue, periodical[2]; review *n.* 239; 287
ročenka, year-book 377
ročník, volume[2] 367
rok, volume[2]; year 367; 376
román, novel 213
romány a novely, fiction 146
rozmluva, dialog 114
rozmnožování, reproduction 286
rozprava, dialog; treatise 114; 352
rozšířit, enlarge 133
rub, verso 365
rukopis, manuscript 192
rukověť, handbook; pocket-book 156; 247
rýt, engrave 131
rytina, engraving 132

řada, series 305
řeč, speech 319

s, with 368
sazba, matter 195
sbírka, collection 75
sborník, collection 75
scénář, scenario 294
sdělení, transactions *pl.* 346
sebraná díla, complete works *pl.* 87
sebrané spisy, complete works *pl.* 87
sebrat, collect 74
sekce, section 301
separát, offprint 221
serie, series 305
sestavit, compile 84
sešit, booklet; number[2] 50; 215
sešívat, sew 306
seznam, list 184
shrnout, summarize 329
shrnutí, summary 330
shromáždění, assembly 32
shromáždit, collect 74
signatura, signature 310
signatura knihy, location mark 189
sjezd, assembly; congress 32; 89
skladiště knih, stack-room 320
slavostní vydání, memorial volume 199
slepecke pismo Braillovo, braille printing 52
sloka, strophe 325
sloupec, column 77
slovník, dictionary 116
služba, office 219
smíšenina, miscellanea *pl.* 203
smíšený, miscellanea *pl.* 203
souborný katalog, union catalogue 358
speciální bibliografie, special bibliography 317
speciální knihovna, special library 318
spis, document 117
spisovatel, writer 374
spojit, bind 45
společnost, society 313
spoluautor, joint author 174
spolupracovat, collaborate 72
spolupracovník, collaborator 73
spolupůsobit, collaborate 72
srovnat abecedně, alphabetize 16
starý, ancient 17
státní knihovna, state library 322
statut, statute[1] 323
století, century 62
stránka, page 228
stránkování, paging 229
strofa, strophe 325
strojopis, typescript 353
studie, study 326
svatební píseň, bridal/nuptial song 53
svazek, volume[1] 366
světlotisk, collotype 76

škola, school 295

tabule, plate 245
tabulka, table 333
těsnopis, shorthand 308
text, text 337
tisk, impression; imprint; press[1]; printed matter 162; 163; 260; 262

APPENDIX

CALENDAR UNITS — TEMPORA

leden, January	I	**prosinec,** December	XII	**šestiměsíční,** half-yearly, semi-annual	XXII
únor, February	II	**pondělí,** Monday	XIII	**tříměsíční,** quarterly	XXIII
březen, March	III	**úterý,** Tuesday	XIV	**měsíc,** month	XXIV
duben, April	IV	**středa,** Wednesday	XV	**měsíční,** monthly	XXV
květen, May	V	**čtvrtek,** Thursday	XVI	**čtrnáctidenní,** fortnightly, semi-monthly	XXVI
červen, June	VI	**pátek,** Friday	XVII	**týden,** week	XXVII
červenec, July	VII	**sobota,** Saturday	XVIII	**týdenní,** weekly	XXVIII
srpen, August	VIII	**neděle,** Sunday	XIX	**den,** day	XXIX
září, September	IX	**rok,** year	XX	**denní,** daily	XXX
říjen, October	X	**roční,** yearly, annual	XXI		
listopad, November	XI				

NUMERALS — NUMERI

1	**jeden, -dna, -dno**	one	16	**šestnáct**	sixteen
2	**dva, dvě**	two	17	**sedmnáct**	seventeen
3	**tři**	three	18	**osmnáct**	eighteen
4	**čtyři**	four	19	**devatenáct**	nineteen
5	**pět**	five	20	**dvacet**	twenty
6	**šest**	six	21	**dvacet jeden**	twenty one
7	**sedm**	seven	30	**třicet**	thirty
8	**osm**	eight	40	**čtyřicet**	forty
9	**devět**	nine	50	**padesát**	fifty
10	**deset**	ten	60	**šedesát**	sixty
11	**jedenáct**	eleven	70	**sedmdesát**	seventy
12	**dvanáct**	twelve	80	**osmdesát**	eighty
13	**třináct**	thirteen	90	**devadesát**	ninety
14	**čtrnáct**	fourteen	100	**sto**	hundred
15	**patnáct**	fifteen	200	**dvě stě**	two hundred

300 tři sta	three hundred	**16. šestnáctý**	sixteenth
400 čtyři sta	four hundred	**17. sedmnáctý**	seventeenth
500 pět set	five hundred	**18. osmnáctý**	eighteenth
600 šest set	six hundred	**19. devatenáctý**	nineteenth
700 sedm set	seven hundred	**20. dvacátý**	twentieth
800 osm set	eight hundred	**21. dvacetiprvní**	twenty first
900 devět set	nine hundred	**30. třicátý**	thirtieth
1000 tisíc	thousand	**40. čtyřicátý**	fortieth
1. první	first	**50. padesátý**	fiftieth
2. druhý	second	**60. šedesátý**	sixtieth
3. třetí	third	**70. sedmdesátý**	seventieth
4. čtvrtý	fourth	**80. osmdesátý**	eightieth
5. pátý	fifth	**90. devadesátý**	ninetieth
6. šestý	sixth	**100. stý**	hundredth
7. sedmý	seventh	**200. dvoustý**	two hundredth
8. osmý	eighth	**300. třístý**	three hundredth
9. devátý	ninth	**400. čtyřstý**	four hundredth
10. desátý	tenth	**500. pětistý**	five hundredth
11. jedenáctý	eleventh	**600. šestistý**	six hundredth
12. dvanáctý	twelfth	**700. sedmistý**	seven hundredth
13. třináctý	thirteenth	**800. osmistý**	eight hundredth
14. čtrnáctý	fourteenth	**900. devětistý**	nine hundredth
15. patnáctý	fifteenth	**1000. tisící**	thousandth

CZECH ALPHABET

LITTERAE BOHEMICAE

A a, Á á	**G g**	**N n, Ň ň**	**T t, Ť ť**
B b	**H h**	**O o, Ó ó**	**U u, Ú ú, ů**
C c	**Ch ch**	**P p**	**V v**
Č č	**I i, Í í**	**Q q**	**W w**
D d, Ď ď	**J j**	**R r**	**X x**
E e, É é, Ě ě	**K k**	**Ř ř**	**Y y ý**
F f	**L l**	**S s**	**Z z**
	M m	**Š š**	**Ž ž**

DANISH – DANICA

blindeskrift, braille printing 52
bo, literary remains *pl.* 185
bog, book 49
bogbinderi, bindery 46
boghandel, bookshop 51
bogkundskab, bibliology 43
bogmagasin, stack-room 320
bogtrykker, printer 264
bogtrykkeri, printing office 266
brev, letter 181
brevveksling, correspondence 103
brochure, booklet 50
brudstykke, fragment 152
brug, use *n.* 362
bruge, use *v.* 363
bryllupsdigt, bridal/nuptial song 53
bulletin, bulletin 54
børnebog, children's book 67
på **bånd,** tape, on tape 335

chef, chief 66

dagblad, newspaper 209
dagbog, diary 115
de *pl.*, the 339
decimalklassifikation, decimal classification 107
dediceret, dedicated 108
dedikation, dedication 109
del, part; section 236; 301
den, the 339
desiderata, desiderata 113
det, the 339
dialog, dialog 114
digt, poem 248
digte, write poetry 373
digter, poet 249
digtning, poem 248
disputats, thesis 340
dokument, document 117
dokumentation, documentation 118
drage omsorg for, edit[1] 122
drama, play 246
drejebog, scenario 294
duplikat, duplicate 121

efter, after 12
efterladenskab, literary remains *pl.* 185
efterladt, posthumous 254
efterligning, imitation 161
efterskrift, epilog; postscript 135; 255
eksemplar, copy[2] 97
elegie, elegy 129
embede, office 219
en, a, an 1
encyklopædi, encyclopaedia 130
eneste, only 223
enestående, only 223
epilog, epilogue 135
epistel, letter 181
epope, epic 134
erindringer *pl.*, memoirs *pl.* 197
essay, essay[1]; study 136; 326
et, a, an 1
eventyr, fable 143

fabel, fable 143
fagbibliografi, special bibliography 317
fagbibliotek, special library 318
faksimile, facsimile 144
falskneri, forgery 151
figur, picture 241
flersproget, polyglot 252
flyveblad, flysheet 148
flyveskrift, flysheet 148
folkebibliotek, public library 270
for, for 150
forandre, change[1] 63
forandre sig; change[2] 64
forbedre, correct 101
forberede, prepare 257
foredrag, lecture 179
forelæsning, lecture 179
foreløbig seddel, temporary card 336
foreløbigt kort, temporary card 336
forfalskning, forgery 151
forfatter, author; writer 35; 374
forfatternavn, pseudonym 269
forhandlinger, minutes *pl.* 202
forklare, explain 140
forkorte, abridge 4
forkortet indførsel, abbreviated entry 2
forlag, publishing house 274
forlægge, publish 271
forlægger, publisher[1] 273
forordning, order[1] 224
forsamling, assembly 32

APPENDIX

CALENDAR UNITS — TEMPORA

januar, January	I
februar, February	II
marts, March	III
april, April	IV
maj, May	V
juni, June	VI
juli, July	VII
august, August	VIII
september, September	IX
oktober, October	X
november, November	XI
december, December	XII
mandag, Monday	XIII
tirsdag, Tuesday	XIV
onsdag, Wednesday	XV
torsdag, Thursday	XVI
fredag, Friday	XVII
lørdag, Saturday	XVIII
søndag, Sunday	XIX
år, year	XX
årlig, annual, yearly	XXI
halvårlig, half-yearly, semi-annual	XXII
kvartals-, quarterly	XXIII
måned, month	XXIV
månedlig, monthly	XXV
halvmånedlig, fortnightly, semi-monthly	XXVI
uge, week	XXVII
ugentlig, weekly	XXVIII
dag, day	XXIX
daglig, daily	XXX

NUMERALS — NUMERI

1	**een, eet**	one
2	**to**	two
3	**tre**	three
4	**fire**	four
5	**fem**	five
6	**seks**	six
7	**syv**	seven
8	**otte**	eight
9	**ni**	nine
10	**ti**	ten
11	**elleve**	eleven
12	**tolv**	twelve
13	**tretten**	thirteen
14	**fjorten**	fourteen
15	**femten**	fifteen
16	**seksten**	sixteen
17	**sytten**	seventeen
18	**atten**	eighteen
19	**nitten**	nineteen
20	**tyve**	twenty
21	**en ogtyve**	twenty-one
30	**tredive**	thirty
40	**fyrre, fyrretyve**	forty
50	**halvtreds(indstyve)**	fifty
60	**tres(indstyve)**	sixty
70	**halvfjerds(indstyve)**	seventy
80	**firs(indstyve)**	eighty
90	**halvfems(indstyve)**	ninety
100	**hundrede**	hundred
200	**to hundrede**	two hundred

300 tre hundrede	three hundred
400 fire hundrede	four hundred
500 fem hundrede	five hundred
600 seks hundrede	six hundred
700 syv hundrede	seven hundred
800 otte hundrede	eight hundred
900 ni hundrede	nine hundred
1000 tusind(e)	thousand
1. første	first
2. anden	second
3. tredje	third
4. fjerde	fourth
5. femte	fifth
6. sjette	sixth
7. syvende	seventh
8. ottende	eighth
9. niende	ninth
10. tiende	tenth
11. ellevte	eleventh
12. tolvte	twelfth
13. trettende	thirteenth
14. fjortende	fourteenth
15. femtende	fifteenth
16. sekstende	sixteenth
17. syttende	seventeenth
18. attende	eighteenth
19. nittende	nineteenth
20. tyvende	twentieth
21. en og tyvende	twenty-first
30. tredivte	thirtieth
40. fyrretyvende	fortieth
50. halvtredsindstyvende	fiftieth
60. tresindstyvende	sixtieth
70. halvfjerdsindstyvende	seventieth
80. firsindstyvende	eightieth
90. halvfemsindstyvende	ninetieth
100. hundrede	hundredth
200. to hundrede	two hundredth
300. tre hundrede	three hundredth
400. fire hundrede	four hundredth
500. fem hundrede	five hundredth
600. seks hundrede	six hundredth
700. syv hundrede	seven hundredth
800. otte hundrede	eight hundredth
900. ni hundrede	nine hundredth
1000. tusinde	thousandth

DANISH ALPHABET

LITTERAE DANICAE

A a
B b
C c
D d
E e
F f
G g
H h
I i
J j
K k
L l
M m
N n
O o
P p
Q q
R r
S s
T t
U u
V v
W w
X x
Y y
Z z
Æ æ
Ø ø
Å å

DUTCH – HOLLANDICA

plaat, plate 245
plaats, place 243
zonder **plaats en jaar (z. pl. e. j.)** no place no date 210
plagiaat, plagiarism 244
poëzie, poetry 250
polemiek, polemic 251
portret, portrait 253
postuum, posthumous 254
prent, engraving 132
presentexemplaar, deposit copy 112
president, president 259
proefschrift, thesis 340
protocol, minutes *pl.* 202
proza, prose 267
pseudoniem, pseudonym 269
publiceren, edit[2] 123

rangschikken, arrange 29
rapport, report[1] 283
raster, screen 298
recenseren, review *v.* 288
reclame, advertisement 11
recto, recto 277
redacteur, editor[1] 125
redactie, editorial office 127
rede, speech 319
reeks, series 305
regel, prescription; statute[1] 258; 323
reglement, prescription 258
repertorium, repertory 282
reproductie, reproduction 286
revue, review *n.* 287
roman, novel 213
romanliteratuur, fiction 146
rubricering, classification 69
rug, back 40
ruilbureau, exchange centre 138
ruildienst, exchange centre 138

samenspraak, dialog 114
samenstellen, compile 84
samenvatten, summarize 329
samenvatting, summary 330
samenwerken, collaborate 72
schaal, scale 293
scheets, sketch 312
school, school 295
schoolboek, textbook 338
schrift, script 299
schrijven, write 372
schrijver, author; writer 35; 374
sectie, section 301
serie, series 305
signatuur, signature 310
slotwoord, epilogue 135
speciale bibliografie, special bibliography 317
speciale bibliotheek, special library 318
spraak, language 175
spreekwoord, adage 7
staatsbibliotheek, state library 322
stadsbibliotheek, city library 68
standardisatie, standardisation 321
statuut, statute[1] 323
steendruk, lithograph(y) 187
stenografie, shorthand 308
strofe, strophe 325
studie, study 326
stuk, piece 242
supplement, addenda *pl.* 10
supplement-, supplementary 332

taal, language 175
tabel, list; table 184; 333
tafel, plate 245
te, to 344
tegenspraak, refutation 281
tekening, drawing 120
tekst, text 337
tentoonstelling, exhibition 139
tijdschrift, periodical[2] 239
titel, title 341
titelbeschrijving, cataloging 60
titelblad, title page 343
titelkaart, title entry 342
titelpagina, title page 343
toegepast, applied 27
tokomstroman, science fiction 297
toneelstuk, play 246
tot, to 344
tragedie, tragedy 345
tractaat, treatise 352
transcriptie, transcription 347
transliteratie, transliteration 350

APPENDIX

CALENDAR UNITS — TEMPORA

januari, January	I	**maandag,** Monday	XIII	**driemaandelijks,** quarterly	XXIII
februari, February	II	**dinsdag,** Tuesday	XIV	**maand,** month	XXIV
maart, March	III	**woensdag,** Wednesday	XV	**maandelijks,** monthly	XXV
april, April	IV	**donderdag,** Thursday	XVI	**halfmaandelijks,** fortnightly, semi-monthly	XXVI
mei, May	V	**vrijdag,** Friday	XVII	**week,** week	XXVII
juni, June	VI	**zaterdag,** Saturday	XVIII	**weekelijks,** weekly	XXVIII
juli, July	VII	**zondag,** Sunday	XIX	**dag,** day	XXIX
augustus, August	VIII	**jaar,** year	XX	**dagelijks,** daily	XXX
september, September	IX	**jaarlijks,** yearly	XXI		
october, October	X	**halfjaarlijks,** half-yearly, semi-annual	XXII		
november, November	XI				
december, December	XII				

NUMERALS — NUMERI

1 **een**	one	16 **zestien**	sixteen
2 **twee**	two	17 **zeventien**	seventeen
3 **drie**	three	18 **achttien**	eighteen
4 **vier**	four	19 **negentien**	nineteen
5 **vijf**	five	20 **twintig**	twenty
6 **zes**	six	21 **eenentwintig**	twenty one
7 **zeven**	seven	30 **dertig**	thirty
8 **acht**	eight	40 **veertig**	forty
9 **negen**	nine	50 **vijftig**	fifty
10 **tien**	ten	60 **zestig**	sixty
11 **elf**	eleven	70 **zeventig**	seventy
12 **twaalf**	twelve	80 **tachtig**	eighty
13 **dertien**	thirteen	90 **negentig**	ninety
14 **veertien**	fourteen	100 **honderd**	hundred
15 **vijftien**	fifteen	200 **tweehonderd**	two hundred

300 driehonderd	three hundred
400 vierhonderd	four hundred
500 vijfhonderd	five hundred
600 zeshonderd	six hundred
700 zevenhonderd	seven hundred
800 achthonderd	eight hundred
900 negenhonderd	nine hundred
1000 duizend	thousand
1. eerste	first
2. tweede	second
3. derde	third
4. vierde	fourth
5. vijfde	fifth
6. zesde	sixth
7. zevende	seventh
8. achtste	eighth
9. negende	ninth
10. tiende	tenth
11. elfde	eleventh
12. twaalfde	twelfth
13. dertiende	thirteenth
14. veertiende	fourteenth
15. vijftiende	fifteenth
16. zestiende	sixteenth
17. zeventiende	seventeenth
18. achttiende	eighteenth
19. negentiende	nineteenth
20. twintigste	twentieth
21. eenentwintigste	twenty first
30. dertigste	thirtieth
40. veertigste	fortieth
50. vijftigste	fiftieth
60. zestigste	sixtieth
70. zeventigste	seventieth
80. tachtigste	eightieth
90. negentigste	ninetieth
100. honderdste	hundredth
200. tweehonderdste	two hundredth
300. driehonderdste	three hundredth
400. vierhonderdste	four hundredth
500. vijfhonderdste	five hundredth
600. zeshonderdste	six hundredth
700. zevenhonderdste	seven hundredth
800. achthonderdste	eight hundredth
900. negenhonderdste	nine hundredth
1000. duizendste	thousandth

FINNISH – FENNICA

-lla, with 368
-lle, for; to 150; 344
-llä, with 368
loppulause, epilogue 135
-lta, from 153
-ltä, from 153
luettelo, catalog(ue); list 58; 184
luetteloida, catalog(ue) 59
luettelointi, cataloging 60
luettelokortti, card 56
luku, number[1] 214
luokanmerkki, signature 310
luokitus, classification 69
luo(kse), to 344
luonnos, sketch 312
lyhennetty kirjaus, abbreviated entry 2
lyhentää, abridge 4
lähde, source 316

mainos, advertisement 11
marginaali, margin 194
memoaarit *pl.*, memoirs *pl.* 197
merkistö, notation 211
merkkijärjestelmä, notation 211
mietelause, adage 7
mietelmä, adage 7
mikrofilmi, microfilm 200
mittakaava, scale 293
monikielinen, polyglot 252
monistus, reproduction 286
monografia, monograph(y) 204
muinainen, ancient 17
muistelmat *pl.*, memoirs *pl.* 197
muistojulkaisu, memorial volume 199
muistokirjoitus, memoir; obituary notice 196; 216
muistutus, note[1] 212
mukailu, imitation 161
mukana, with 368
muokata, elaborate; rewrite 128; 291
muotilehti, fashion magazine 145
muotokuva, portrait 253
murhenäytelmä, tragedy 345
musiikki, music 205
muunnos, version 364
muuntaa, change[1] 63
muuntua, change[2] 64
muuttamaton, unchanged 355
muuttua, change[2] 64
määräys, order[1] 224

-n, by; of 55; 218
nauhaan, on tape 335
nauhalle, on tape 335
nekrologi, obituary notice 216
nide, volume[1] 366
nidos, volume[1] 366
nidottu kirja, paperback 232
nimekkeenmukainen kirjaus, title entry 342
nimetön, anonymous 23
nimi, name; title 206; 341
nimiölehti, title page 343
nitoa, sew 306
normaalistaminen, standardisation 321
novelli, short story 309
numero, number[1]; number[2] 214; 215
nuotit *pl.*, printed music 263
näytelmä, play 246
näyttely, exhibition 139
näytös, act 6

ohje, prescription; statute[1] 258; 323
oikaista correct 101
oikaisu, correction 102
oikeaperäinen, authentic 34
oikeuttaa, authorize 37
omaelämäkerta, autobiography 38
omistettu, dedicated 108
omistus, dedication 109
omistuskirjoitus, dedication 109
opas, guide(-book) 155
opisto, institute 170
oppikirja, textbook 338
osa, part 236
osasto, section 301
ote, extract 142
otsikko, title 341

paikanmerkki, location mark; signature 189; 310
paikka, place 243
paikkamerkki, location mark 189
painaa, print[1] 261
painaja, printer 264

paino, press[1]; printing office 260; 266
ilman **painopaikkaa ja vuotta (i. p. & v.),** no place no date 210
painos, edition 124
painotuote, printed matter 262
painovirhe, printer's error 265
painovuosi, date of printing 106
palsta, column 77
panna kokoon, compile 84
panna kuntoon, arrange; edit[1] 29; 122
paperi, paper[1] 231
papyrus, papyrus 233
paragrafi, paragraph 234
pergamentti, parchment 235
periodinen, periodical[1] 238
perusteella, based/founded on the... 41
pieni, little 188
pienoiskuva, miniature 201
pienoismaalaus, miniature 201
piirustus, drawing 120
pikakirjoitus, shorthand 308
pikku, little 188
pilalehti, comic paper 79
pistekirjoitus, braille printing 52
pitkulainen, oblong 217
plagiaatti, plagiarism 244
pohjalla, based/founded on the... 41
poleeminen kirjoitus, polemic 251
polyglotti, polyglot 252
postscriptumi, postscript 255
postuumi, posthumous 254
presidentti, president 259
proosa, prose 267
proosakirjallisuus, fiction 146
pseudonyymi, pseudonym 269
puhe, speech 319
puolustaa, defend 111
puupiirros, woodcut 370
puutteellinen, defective; incomplete 110; 165
puuttuva teos, desiderata 113
pykälä, paragraph; section 234; 301
päiväkirja, diary 115
pää-, chief 66
pääkortti, main card 191
pöytäkirja, minutes *pl.* 202

rasteri, screen 298
repertorio, repertory 282
romaani, novel 213
runo, poem 248
runoelma, poem 248
runoilija, poet 249
runoilla, write poetry 373
runokokoelma, anthology 25
runous, poem; poetry 248; 250
runovalikoima, anthology 25
ruumissaarna, memorial speech 198
ryhmätekijä, corporate author 100

salanimi, pseudonym 269
sanakirja, dictionary 116
sanaluettelo, glossary 154
sanasto, glossary 154
sankariruno, epic 134
sanomalehti, newspaper 209
sarja, series 305
sarjakuva, comic strip 80
satu, fable 143
sekalasia, miscellanea *pl.* 203
sektio, section 301
selittää, comment[1] 81
selittää, explain 140
selitys, commentary; explanation 82; 141
selkä, back 40
selkäpuoli, verso 365
selonteko, report[1] 283
selostaa, review *v.* 288
selostus, annotation; report[1] 22; 283
seura, society 313
signumi, location mark 189
siirtokirjoitus, transcription 347
sisällys, contents 91
sisällysluettelo, table of contents 334
sisältää, contain 90
sisältö, contents *pl.* 91
sitoa, bind 45
sivu, leaf; page 178; 228
sivunumerointi, paging 229
skenaario, scenario 294
soikea, oblong 217
sokeainkirjoitus, braille printing 52
sovellettu, applied 27
sovittaa, adapt; insert 8; 169

-ssa, in 164
-ssä, in 164
-sta, about; from; on 3; 153; 222
stroofi, strophe 325
-stä, about; from; on 3; 153; 222
suorasanainen kaunokirjallisuus, fiction 146
surulaulu, elegy 129
suunnitelma, sketch 312
suuri, large 176
syövytys, etching 137
säkeistö, strophe 325
sävelmäjulkaisu, printed music 263
säädös, order[1] 224
sääntö, prescription; statute[1] 258; 323

taide, art 30
takia, for 150
tarina, fable 143
tarkastaa, revise[1] 289
tarkastus, revision 290
tarkistus, revision 290
taskukirja, pocket-book 247
taulu, plate 245
taulukko, table 333
tekijä, author; writer 35; 374
tekijäkumppani, joint author 174
tekijänoikeus, copyright 98
teksti, text 337
teos, work 371
tiede, science 296
tiedonanto, transactions *pl.* 346
tiedonanto(lehti), bulletin 54
tiedotus, transactions *pl.* 346
tiedotuslehti, bulletin 54
tieteisromaani, science fiction 297
tietosanakirja, encyclopaedia 130
tilapäiskortti, temporary card 336
tilapäislippu, temporary card 336
tilaus, order[2] 225
titteli, title 341
toimia yhdessä, collaborate 72
toimikunta, committee 83
toimittaja, editor[1] 125
toimitus, editorial office 127
tragedia, tragedy 345
translitteraatio, transliteration 350
translitterointi, transliteration 350
tutkielma, essay[1]; study; treatise 136; 326; 352
typografia, typography 355
täydennys, addenda *pl.* 10
täydentää, complete 86

useissa kohdin, passim 237
uusi, new 208
uusia, rewrite 291

vaihtokeskus, exchange centre 138
vaihtuva sivu(n)otsikko, running title 292
valaista, illustrate 160
valikoida, select 302
valita, select 302
valitusruno, elegy 129
valmistaa, prepare 257
valmistella, prepare 257
valokuva, photograph 240
valopainate, collotype 76
valtionkirjasto, state library 322
valtuuttaa, authorize 37
vanha, ancient 17
vapaakappale, deposit copy 112
varhaispainos, incunabula *pl.* 166
varten, for 150
varustaa, provide (with) 268
vaskipiirros, copperplate engraving 95
vastatodistus, refutation 281
vedos, impression 162
vierus, margin 194
vihko, booklet 50
viitekortti, reference card 278
viittauskortti, reference card 278
virallinen, official 220
virasto, office 219
virka, office 219
vuoksi, for 150
vuoropuhelu, dialog 114
vuosi, year 376
vuosikerta, volume[2] 367
vuosikirja, year-book 377
vuosikirjat *pl.*, annals *pl.* 19
vuosisata, century 62
väittelykirjoitus, polemic 251
väitöskirja, thesis; treatise 340; 352
väliaikaiskortti, temporary card 336

APPENDIX

CALENDAR UNITS — TEMPORA

tammikuu, January	I
helmikuu, February	II
maaliskuu, March	III
huhtikuu, April	IV
toukokuu, May	V
kesäkuu, June	VI
heinäkuu, July	VII
elokuu, August	VIII
syyskuu, September	IX
lokakuu, October	X
marraskuu, November	XI
joulukuu, December	XII
maanantai, Monday	XIII
tiistai, Tuesday	XIV
keskiviikko, Wednesday	XV
torstai, Thursday	XVI
perjantai, Friday	XVII
lauantai, Saturday	XVIII
sunnuntai, Sunday	XIX
vuosi, year	XX
vuotinen, annual, yearly	XXI
puolivuotinen, half-yearly, semi-annual	XXII
kolmen kuukauden, quarterly	XXIII
kuukausi, month	XXIV
jokakuukautinen, monthly	XXV
puolikuukautinen, fortnightly, semi-monthly	XXVI
viikko, week	XXVII
viikko-, weekly	XXVIII
päivä, day	XXIX
päivä-, daily	XXX

NUMERALS — NUMERI

1	**yksi**	one
2	**kaksi**	two
3	**kolme**	three
4	**neljä**	four
5	**viisi**	five
6	**kuusi**	six
7	**seitsemän**	seven
8	**kahdeksan**	eight
9	**yhdeksän**	nine
10	**kymmenen**	ten
11	**yksitoista**	eleven
12	**kaksitoista**	twelve
13	**kolmetoista**	thirteen
14	**neljätoista**	fourteen
15	**viisitoista**	fifteen
16	**kuusitoista**	sixteen
17	**seitsemäntoista**	seventeen
18	**kahdeksantoista**	eighteen
19	**yhdeksäntoista**	nineteen
20	**kaksikymmentä**	twenty
21	**kaksikymmentäyksi**	twenty one
30	**kolmekymmentä**	thirty
40	**neljäkymmentä**	forty
50	**viisikymmentä**	fifty
60	**kuusikymmentä**	sixty
70	**seitsemänkymmentä**	seventy
80	**kahdeksankymmentä**	eighty
90	**yhdeksänkymmentä**	ninety
100	**sata**	hundred
200	**kaksisataa**	two hundred

300 kolmesataa	three hundred
400 neljäsataa	four hundred
500 viisisataa	five hundred
600 kuusisataa	six hundred
700 seitsemänsataa	seven hundred
800 kahdeksansataa	eight hundred
900 yhdeksänsataa	nine hundred
1000 tuhat	thousand
1. ensimmäinen	first
2. toinen	second
3. kolmas	third
4. neljäs	fourth
5. viides	fifth
6. kuudes	sixth
7. seitsemäs	seventh
8. kahdeksas	eighth
9. yhdeksäs	ninth
10. kymmenes	tenth
11. yhdestoista	eleventh
12. kahdestoista	twelfth
13. kolmastoista	thirteenth
14. neljästoista	fourteenth
15. viidestoista	fifteenth
16. kuudestoista	sixteenth
17. seitsemästoista	seventeenth
18. kahdeksastoista	eighteenth
19. yhdeksästoista	nineteenth
20. kahdeskymmenes	twentieth
21. kahdeskymmenesyhdes	twenty first
30. kolmaskymmenes	thirtieth
40. neljäskymmenes	fortieth
50. viideskymmenes	fiftieth
60. kuudeskymmenes	sixtieth
70. seitsemäskymmenes	seventieth
80. kahdeksaskymmenes	eightieth
90. yhdeksäskymmenes	ninetieth
100. sadas	hundredth
200. kahdessadas	two hundredth
300. kolmassadas	three hundredth
400. neljässadas	four hundredth
500. viidessadas	five hundredth
600. kuudessadas	six hundredth
700. seitsemässadas	seven hundredth
800. kahdeksassadas	eight hundredth
900. yhdeksässadas	nine hundredth
1000. tuhannes	thousandth

FINNISH ALPHABET

LITTERAE FENNICAE

A a	**J j**	**S s**
B b	**K k**	**T t**
C c	**L l**	**U u**
D d	**M m**	**V v**
E e	**N n**	**W w**
F f	**O o**	**Y y**
G g	**P p**	**Z z**
H h	**Q q**	**Ä ä**
I i	**R r**	**Ö ö**

GREEK—GRAECA

APPENDIX

CALENDAR UNITS — TEMPORA

Gamelion *(Γαμηλιών),*
Ianuarios *('Ιανουάριος),* January I
Anthesterion *('Ανθεστηριών),*
Februarios *(Φεβρουάριος),*
February II
Elaphebolion *('Ελαφηβολιών),*
Martios *(Μάρτιος),* March III
Munichion *(Μουνιχιών),*
Aprilios *('Απρίλιος),* April IV
Thargelion *(Θαργηλιών),*
Maios *(Μάϊος),* May V
Skirophorion *(Σκιροφοριών),*
Iunios *('Ιούνιος),* June VI
Hekatombaion *('Εκατομβαιών),*
Iulios *('Ιούλιος),* July VII
Metageitnion *(Μεταγειτνιών),*
Augustos *(Αὔγουστος),* August VIII
Boedromion *(Βοηδρομιών),*
Septembrios *(Σεπτέμβριος),*
September IX
Pyanopsion *(Πυανοψιών),*
Oktobrios *('Οκτώβριος),* October X
Maimakterion *(Μαιμακτηριών),*
Noembrios *(Νοέμβριος),*
November XI
Poseideon *(Ποσειδεών),*
Dekembrios *(Δεκέμβριος),*
December XII
Deutera *(Δευτέρα),* Monday XIII
Trite *(Τρίτη),* Tuesday XIV
Tetarte *(Τετάρτη),* Wednesday XV
Pempte *(Πέμπτη),* Thursday XVI
Paraskeue *(Παρασκευή),*
Friday XVII
Sabbaton *(Σάββατον),*
Saturday XVIII
Kyriake *(Κυριακή),* Sunday XXIX
etos *(ἔτος),* **chronos,** *(χρόνος),*
year XX
etesios *(ἐτήσιος),* yearly XXI
hexamenos *ἑξάμενος* half-yearly
semi-annual XXII
trimeniaios *(τριμηνιαῖος),*
quarterly XXIII
men *(μήν),* month XXIV
meniaios *(μηνιαῖος),* monthly XXV
dekapenthemeros *(δεκαπενθήμερος),*
fortnightly semi-monthly XXVI
hebdomas *(ἑβδομάς),* week XXVII
hebdomadiaios *(ἑβδομαδιαῖος),*
weekly XXVIII
(he)mera *(ἡμέρα),* day XXIX
hemeresios *(ἡμερήσιος),*
daily XXX

NUMERALS — NUMERI

1 **heis, mia, hen** *(εἷς, μία, ἕν)*	one
2 **dyo** *(δύο)*	two
3 **treis, tria** *(τρεῖς, τρία)*	three
4 **tettares, tettara** *(τέτταρες, -α)*	four
5 **pente** *(πέντε)*	five
6 **hex, hexe** *(ἕξ, ἕξη)*	six
7 **hepta** *(ἑπτά)*	seven
8 **okto** *(ὀκτώ)*	eight
9 **ennea** *(ἐννέα)*	nine
10 **deka** *(δέκα)*	ten
11 **hendeka** *(ἕνδεκα)*	eleven
12 **dodeka** *(δώδεκα)*	twelve
13 **treis/tria kai deka** *τρεῖς/τρία καί δέκα*	thirteen
14 **tettares/tettara kai deka** *(τέτταρες/τέτταρα καί δέκα)*	fourteen

15	**pentekaideka** *(πεντεκαίδεκα)*	fifteen
16	**hekkaideka** *(ἑκκαίδεκα)*	sixteen
17	**heptakaideka** *(ἑπτακαίδεκα)*	seventeen
18	**oktokaideka** *(ὀκτωκαίδεκα)*	eighteen
19	**enneakaideka** *(ἐννεακαίδεκα)*	nineteen
20	**eikosi(n)** *(εἴκοσιν)*	twenty
21	**heis kai eikosi** *(εἷς καί εἴκοσι)*	twenty one
30	**triakonta** *(τριάκοντα)*	thirty
40	**tettarakonta** *(τετταράκοντα)*	forty
50	**pentekonta** *(πεντήκοντα)*	fifty
60	**hexekonta** *(ἑξήκοντα)*	sixty
70	**hebdomekonta** *(ἑβδομήκοντα)*	seventy
80	**ogdoekonta** *(ὀγδοήκοντα)*	eighty
90	**enenekonta** *(ἐνενήκοντα)*	ninety
100	**hekaton** *(ἑκατόν)*	hundred
200	**diakosioi** *(διακόσιοι)*	two hundred
300	**triakosioi** *(τριακόσιοι)*	three hundred
400	**tetrakosioi** *(τετρακόσιοι)*	four hundred
500	**pentakosioi** *(πεντακόσιοι)*	five hundred
600	**hexakosioi** *(ἑξακόσιοι)*	six hundred
700	**heptakosioi** *(ἑπτακόσιοι)*	seven hundred
800	**oktakosioi** *(ὀκτακόσιοι)*	eight hundred
900	**enakosioi** *(ἐνακόσιοι)*	nine hundred
1000	**chilioi** *(χίλιοι)*	thousand
1.	**protos, -e, -on** *(πρῶτος, -η, -ον)*	first
2.	**deuteros** *(δεύτερος)*	second
3.	**tritos** *(τρίτος)*	third
4.	**tetartos** *(τέταρτος)*	fourth
5.	**pemptos** *(πέμπτος)*	fifth
6.	**hektos** *(ἕκτος)*	sixth
7.	**hebdomos** *(ἕβδομος)*	seventh
8.	**ogdoos** *(ὄγδοος)*	eighth
9.	**enatos** *(ἔνατος)*	ninth
10.	**dekatos** *(δέκατος)*	tenth
11.	**hendekatos** *(ἑνδέκατος)*	eleventh
12.	**dodekatos** *(δωδέκατος)*	twelfth
13.	**tritos kai dekatos** *(τρίτος καί δέκατος)*	thirteenth
14.	**tetartos kai dekatos** *(τέταρτος καί δέκατος)*	fourteenth
15.	**pemptos kai dekatos** *(πέμπτος καί δέκατος)*	fifteenth
16.	**hektos kai dekatos** *(ἕκτος καί δέκατος)*	sixteenth
17.	**hebdomos kai dekatos** *(ἕβδομος καί δέκατος)*	seventeenth
18.	**ogdoos kai dekatos** *(ὄγδοος καί δέκατος)*	eighteenth
19.	**enatos kai dekatos** *(ἔνατος καί δέκατος)*	nineteenth
20.	**eikostos** *(εἰκοστός)*	twentieth
21.	**heis kai eikostos** *(εἷς καί εἰκοστός)*	twenty first
30.	**triakostos** *(τριακοστός)*	thirtieth
40.	**tettarakostos** *(τετταρακοστός)*	fortieth
50.	**pentekostos** *(πεντηκοστός)*	fiftieth
60.	**hexekostos** *(ἑξηκοστός)*	sixtieth
70.	**hebdomekostos** *(ἑβδομηκοστός)*	seventieth
80.	**ogdoekostos** *(ὀγδοηκοστός)*	eightieth
90.	**enenekostos** *(ἐνενηκοστός)*	ninetieth
100.	**hekatostos** *(ἑκατοστός)*	hundredth
200.	**diakosiostos** *(διακοσιοστός)*	two hundredth
300.	**triakosiostos** *(τριακοσιοστός)*	three hundredth
400.	**tetrakosiostos** *(τετρακοσιοστός)*	four hundredth
500.	**pentakosiostos** *(πεντακοσιοστός)*	five hundredth
600.	**hexakosiostos** *(ἑξακοσιοστός)*	six hundredth
700.	**heptakosiostos** *(ἑπτακοσιοστός)*	seven hundredth
800.	**oktakosiostos** *(ὀκτακοσιοστός)*	eight hundredth
900.	**enakosiostos** *(ἐνακοσιοστός)*	nine hundredth
1000.	**chiliostos** *(χιλιοστός)*	thousandth

GREEK ALPHABET. TRANSLITERATION

LITTERAE GRAECAE. TRANSLITTERATIO

Α — α, **a**	*Θ — θ*, **th**	*Σ — σ, ς*, **s**
Β — β, **b**	*Ι — ι*, **i**	*Τ — τ*, **t**
Γ — γ, **g**	*Κ — κ*, **k**	*Υ — υ*, **y**
(γγ, **ng**	*Λ — λ*, **l**	*(αυ*, **au**
γκ, **nk**	*Μ — μ*, **m**	*ευ*, **eu**
γχ, **nch)**	*Ν — ν*, **n**	*ου*, **u)**
Δ — δ, **d**	*Ξ — ξ*, **x**	*Φ — φ*, **ph**
Ε — ε, **e**	*Ο — ο*, **o**	*Χ — χ*, **ch**
Ζ — ζ, **z**	*Π — π*, **p**	*Ψ — ψ*, **ps**
Η — η, **e**	*Ρ — ρ*, **r**	*Ω — ω*, **o**

HUNGARIAN–HUNGARICA

nyomat, impression 162
nyomda, printing office 266
nyomdász, printer 264
nyomdászat, typography 355
nyomtat, print[1] 261
nyomtatvány, printed matter 262

ó, ancient 17
okmány, document 117
oldal, page 228
oldalszámozás, paging 229
-on, on 222
országos könyvtár, national library 207
osztály, section 301
osztályozás, classification 69

-ön, on 222
önéletrajz, autobiography 38
ősnyomtatvány, incunabula *pl.* 166
összeállít, compile 84
összefoglal, summarize 329
összefoglalás, summary 330
összegyűjt, collect 74
összegyűjtött művei, complete works 87
összes, complete *a.* 85
összes művei, complete works 87

papír, paper[1] 231
papírfedelű zsebkönyv, paperback 232
papírlap, leaf 178
papírusz, papyrus 233
párbeszéd, dialog 114
passzim, passim 237
pásztorköltemény, idyll 159
példány, copy[2] 97
pergament, parchment 235
plágium, plagiarism 244
posztumusz, posthumous 254
pót-, supplementary 332
pótlás, appendix 26
próza, prose 267

-ra, for; on 150; 222
rajz, drawing 120
raktári jelzet, location mark 189
raszter, screen 298
-re, for; on 150; 222
referenszkönyv, reference work 280
referenszmű, reference work 280
regény, novel 213
régi, ancient 17
reklám, advertisement 11
rektó, recto 277
rendelés, order[2] 225
rendelet, order[1] 224
rendez, arrange 29
repertórium, repertory 282
reprodukció, reproduction 286
rész, part; section 236; 301
revízió, revision 290
rézkarc, etching 137
rézmetszés, copperplate engraving 95
rézmetszet, copperplate engraving 95
réznyomás, copperplate engraving 95
réznyomat, copperplate 94
réznyomtatás, copperplate 94
ritka, rare 275
-ról, -ről, about; on 3; 222
röplap, flysheet 148
rövidít, abridge 4
rövidített címfelvétel, abbreviated entry 2

s, and 18
sajtó, press[1] 260
sajtó alá rendez, edit[1] 122
sajtóhiba, printer's error 265
sci-fi, science fiction 297
sokszorosítás, reproduction 286
sorozat, series 305
„strip”, comic strip 80

szabadlapos könyv, loose-leaf book 190
szabály, prescription; statute[1] 258; 323
szabályzat, statute[1] 323
szabványosítás, standardisation 321
szakasz, paragraph; section 234; 301
szakbibliográfia, special bibliography 317
szakjelzet, notation 211
szakkönyvtár, special library 318
szalagon, on tape 335
szám, number[1] 214
számára, for 150
század, century 62

APPENDIX

CALENDAR UNITS — TEMPORA

január, January	I
február, February	II
március, March	III
április, April	IV
május, May	V
június, June	VI
július, July	VII
augusztus, August	VIII
szeptember, September	IX
október, October	X
november, November	XI
december, December	XII
hétfő, Monday	XIII
kedd, Tuesday	XIV
szerda, Wednesday	XV
csütörtök, Thursday	XVI
péntek, Friday	XVII
szombat, Saturday	XVIII
vasárnap, Sunday	XIX
év, year	XX
évi, yearly, annual	XXI
félévi, half-yearly, semi-annual	XXII
negyedévi, quarterly	XXIII
hó, hónap, month	XXIV
havi, monthly	XXV
félhavi, fortnightly, semi-monthly	XXVI
hét, week	XXVII
heti, weekly	XXVIII
nap, day	XXIX
napi, daily	XXX

NUMERALS — NUMERI

1	**egy**	one
2	**kettő**	two
3	**három**	three
4	**négy**	four
5	**öt**	five
6	**hat**	six
7	**hét**	seven
8	**nyolc**	eight
9	**kilenc**	nine
10	**tíz**	ten
11	**tizenegy**	eleven
12	**tizenkettő**	twelve
13	**tizenhárom**	thirteen
14	**tizennégy**	fourteen
15	**tizenöt**	fifteen
16	**tizenhat**	sixteen
17	**tizenhét**	seventeen
18	**tizennyolc**	eighteen
19	**tizenkilenc**	nineteen
20	**húsz**	twenty
21	**huszonegy**	twenty one
30	**harminc**	thirty
40	**negyven**	forty
50	**ötven**	fifty
60	**hatvan**	sixty
70	**hetven**	seventy
80	**nyolcvan**	eighty
90	**kilencven**	ninety
100	**száz**	hundred
200	**kétszáz**	two hundred

300 **háromszáz**	three hundred	16. **tizenhatodik**	sixteenth
400 **négyszáz**	four hundred	17. **tizenhetedik**	seventeenth
500 **ötszáz**	five hundred	18. **tizennyolcadik**	eighteenth
600 **hatszáz**	six hundred	19. **tizenkilencedik**	nineteenth
700 **hétszáz**	seven hundred	20. **huszadik**	twentieth
800 **nyolcszáz**	eight hundred	21. **huszonegyedik**	twenty first
900 **kilencszáz**	nine hundred	30. **harmincadik**	thirtieth
1000 **ezer**	thousand	40. **negyvenedik**	fortieth
1. **első**	first	50. **ötvenedik**	fiftieth
2. **második**	second	60. **hatvanadik**	sixtieth
3. **harmadik**	third	70. **hetvenedik**	seventieth
4. **negyedik**	fourth	80. **nyolcvanadik**	eightieth
5. **ötödik**	fifth	90. **kilencvenedik**	ninetieth
6. **hatodik**	sixth	100. **századik**	hundredth
7. **hetedik**	seventh	200. **kétszázadik**	two hundredth
8. **nyolcadik**	eighth	300. **háromszázadik**	three hundredth
9. **kilencedik**	ninth	400. **négyszázadik**	four hundredth
10. **tizedik**	tenth	500. **ötszázadik**	five hundredth
11. **tizenegyedik**	eleventh	600. **hatszázadik**	six hundredth
12. **tizenkettedik**	twelfth	700. **hétszázadik**	seven hundredth
13. **tizenharmadik**	thirteenth	800. **nyolcszázadik**	eight hundredth
14. **tizennegyedik**	fourteenth	900. **kilencszázadik**	nine hundredth
15. **tizenötödik**	fifteenth	1000. **ezredik**	thousandth

HUNGARIAN ALPHABET

LITTERAE HUNGARICAE

A a, Á á	Gy gy	Ny ny	Ty ty
B b	H h	O o, Ó, ó	U u, Ú ú
C c	I i, Í í	Ö ö, Ő ő	Ü ü, Ű ű
Cs cs	J j	P p	V v
D d	K k	Q q	W w
Dz dz	L l	R r	X x
Dzs dzs	Ly ly	S s	Y y
E e, É é	M m	Sz sz	Z z
F f	N n	T t	Zs zs
G g			

ITALIAN—ITALICA

duplicato, copy[1]; duplicate 96; 121

e, and 18
ed, and 18
editore, editor[2]; publisher[1] 126; 273
edizione, edition 124
edizione originale, original edition 227
edizione principe, original edition 227
elaborare, elaborate 128
elegia, elegy 129
elenco, list 184
elogio, panegyric 230
elucubrare, elaborate 128
emendare, correct 101
enciclopedia, encyclopaedia 130
ente collettivo, corporate author 100
epilogo, epilogue 135
epitalamio, bridal song 53
epitome, extract 142
epopea, epic 134
errore di stampa, printer's error 265
esemplare, copy[2] 97
esemplare d'obbligo, deposit copy 112
esporre, explain 140
esposizione, exhibition 139
estratto, extract; offprint 142; 221

facsimile, facsimile 144
falsificazione, forgery 151
fascicolo, number[2] 215
fiaba, fable 143
figura, picture 241
foglio, leaf; sheet 178; 307
foglio volante, flysheet 148
fonte, source 316
fotografia, photograph 240
fototipia, collotype 76
frammento, fragment 152
frontespizio, title page 343

gazzetta, newspaper 209
giornale, diary; newspaper 115; 209
giornale umoristico, comic paper 79
gli *pl.*, the 339
glossario, glossary 154
grande, large 176
guida, guide(-book) 155

i *pl.*, the 339
iconografia, iconography 158
idillio, idyll 159
il, the 339
illuminare, explain 140
illustrare, illustrate; represent 160; 284
illustrazione, commentary; picture 82; 241
imitazione, imitation 161
immagine, picture 241
impiego, use *n.* 362
imprimere, print[1] 261
in, in 164
incerto, doubtful 119
incidere, engrave 131
incisione, engraving 132
incisione all'acquaforte, etching 137
incisione in legno, woodcut 370
incisione in rame, copperplate engraving 95
incompleto, incomplete 165
incunabulo, incunabula *pl.* 166
indicatore, index 167
indicazione abbreviata, abbreviated entry 2
indice, index 167
indice delle materie, table of contents 334
inedito, unpublished 361
iniziale, initial 168
inno, anthem; panegyric 24; 230
inserire, insert 169
intercalare, insert 169
intero, complete 85
interpretare, translate 348
introdurre, introduce 171
introduzione, introduction 172
invariato, unchanged 356
inventario, inventory 173
istituto, institute 170

l', the 339
la, the 339
lascito, literary remains *pl.* 185
le *pl.*, the 339
legare, bind 45
legare (alla rustica), sew 306

presidente, president 259
pressa, press[1] 260
prestito, lending 180
primario, chief 66
primo, chief; first 66; 147
processo verbale, minutes *pl.* 202
prosa, prose 267
protocollo, minutes *pl.* 202
provvedere, provide (with) 268
pseudonimo, pseudonym 269
pubblicare, edit[2]; publish 123; 271
essere **pubblicato,** *be* published 272
pubblicazione, edition; transactions *pl.* 124; 346
pubblicazione cessata, ceased publication 61
pubblicazione commemorativa, memorial volume 199
pubblicità, advertisement 11

quaderno, booklet 50

raccogliere, collect 74
raccolta, collection 75
racconto, story 324
raffigurare, represent 284
rapporto, report[1] 283
rappresentare, represent 284
raro, rare 275
rassegna letteraria, review *n.* 287
recensione, critique 104
recensire, review *v.* 288
recente, new 208
recto, recto 277
redattore, editor[1] 125
redazione, editorial office 127
registro, list 184
regola(mento), prescription; statute[1] 258; 323
relazione, report[1] 283
repertorio, repertory 282
reticolo, screen 298
revisione, revision 290
riassumere, abridge; summarize 4; 329
ricordi *pl.*, memoirs *pl.* 197
rielaborare, rewrite 291
rifondere, rewrite 291
rilegare, bind 45
rilegatura, binding 47
rilegatura alla rustica, paperback 232
rinnovato, new 208
riproduzione, reproduction 286
ristampa, reprint[1] 285
ritoccare, rewrite 291
ritratto, portrait 253
rivedere, revise[1] 289
rivista, periodical[2]; review *n.* 239; 287
rivista di moda, fashion magazine 145
romanzi e novelle *pl.*, fiction 146
romanzo, novel 213
romanzo di fantascienza, science fiction 297

saggio, essay[1] 136
scala, scale 293
scegliere, select 302
scenario, scenario 294
scheda, card 56
scheda di rinvio, reference card 278
scheda principale, main card 191
scheda provvisoria, temporary card 336
schedario, card index 57
scheda secondaria, added entry 9
schizzo, sketch 312
scienza, science 296
scompleto, incomplete 165
scritto, script 299
scrittore, writer 374
scrittura, script 299
scrittura Braille, braille printing 52
scrivere, write 372
scuola, school 295
secolo, century 62
segnatura, location mark; signature 189; 310
sentenza, adage 7
senza, without 369
serie, series 305
servizio degli scambi, exchange centre 138
sessione, sitting 311
sezione, section 301
s. l. s. d. → *senza* luogo senza data
società, society 313
sommario, summary; table of contents 330; 334
sopra, about; on 3; 222
soscrizione, imprint 163
sotto, under 357
spento (relativo a periodici), ceased publication 61
spiegare, explain 140

APPENDIX

CALENDAR UNITS — TEMPORA

gennaio, January	**I**	**dicembre,** December	**XII**	**semestrale,** half-yearly, semi-annual	**XXII**
febbraio, February	**II**	**lunedì,** Monday	**XIII**	**trimestrale,** quarterly	**XXIII**
marzo, March	**III**	**martedì,** Tuesday	**XIV**	**mese,** month	**XXIV**
aprile, April	**IV**	**mercoledì,** Wednesday	**XV**	**mensile,** monthly	**XXV**
maggio, May	**V**	**giovedì,** Thursday	**XVI**	**semimensile,** fortnightly, semi-monthly	**XXVI**
giugno, June	**VI**	**venerdì,** Friday	**XVII**	**settimana,** week	**XXVII**
luglio, July	**VII**	**sabato,** Saturday	**XVIII**	**settimanale,** weekly	**XXVIII**
agosto, August	**VIII**	**domenica,** Sunday	**XIX**	**giorno,** day	**XXIX**
settembre, September	**IX**	**anno,** year	**XX**	**quotidiano,** daily	**XXX**
ottobre, October	**X**	**annuale,** yearly	**XXI**		
novembre, November	**XI**				

NUMERALS — NUMERI

1	**uno, una, un, un'**	one	16	**sedici**	sixteen
2	**due**	two	17	**diciassette**	seventeen
3	**tre**	three	18	**diciotto**	eighteen
4	**quattro**	four	19	**diciannove**	nineteen
5	**cinque**	five	20	**venti**	twenty
6	**sei**	six	21	**ventuno**	twenty one
7	**sette**	seven	30	**trenta**	thirty
8	**otto**	eight	40	**quaranta**	forty
9	**nove**	nine	50	**cinquanta**	fifty
10	**dieci**	ten	60	**sessanta**	sixty
11	**undici**	eleven	70	**settanta**	seventy
12	**dodici**	twelve	80	**ottanta**	eighty
13	**tredici**	thirteen	90	**novanta**	ninety
14	**quattordici**	fourteen	100	**cento**	hundred
15	**quindici**	fifteen	200	**duecento**	two hundred

300 **trecento**	three hundred
400 **quattrocento**	four hundred
500 **cinquecento**	five hundred
600 **seicento**	six hundred
700 **settecento**	seven hundred
800 **ottocento**	eight hundred
900 **novecento**	nine hundred
1000 **mille**	thousand
1. **primo, -a**	first
2. **secondo**	second
3. **terzo**	third
4. **quarto**	fourth
5. **quinto**	fifth
6. **sesto**	sixth
7. **settimo**	seventh
8. **ottavo**	eighth
9. **nono**	ninth
10. **decimo**	tenth
11. **undicesimo, decimoprimo**	eleventh
12. **dodicesimo, decimosecondo**	twelfth
13. **tredicesimo, decimoterzo**	thirteenth
14. **quattordicesimo, decimoquarto**	fourteenth
15. **quindicesimo, decimoquinto**	fifteenth
16. **sedicesimo, decimosesto**	sixteenth
17. **diciassettesimo, decimosettimo**	seventeenth
18. **diciottesimo, decimottavo**	eighteenth
19. **diciannovesimo, decimonono**	nineteenth
20. **ventesimo**	twentieth
21. **ventunesimo, ventesimo primo**	twenty-first
30. **trentesimo**	thirtieth
40. **quarantesimo**	fortieth
50. **cinquantesimo**	fiftieth
60. **sessantesimo**	sixtieth
70. **settantesimo**	seventieth
80. **ottantesimo**	eightieth
90. **novantesimo**	ninetieth
100. **centesimo**	hundredth
200. **du(e)centesimo**	two hundredth
300. **trecentesimo**	three hundredth
400. **quattrocentesimo**	four hundredth
500. **cinquecentesimo**	five hundredth
600. **seicentesimo**	six hundredth
700. **settecentesimo**	seven hundredth
800. **ottocentesimo**	eight hundredth
900. **novecentesimo**	nine hundredth
1000. **millesimo**	thousandth

LATIN–LATINA

praescriptum, order[1]; prescription; statute[1] 224; 258; 323
praeses, president 259
prelum typographicum, press[1] 260
primus, chief; first 66; 147
princeps, chief; first 66; 147
pro, for 150
prooemium, preface 256
propaganda, advertisement 11
propter, for 150
prosa, prose 267
prosa pulchra, fiction 146
prosa scientifica phantastica, science fiction 297
protocollum, minutes *pl.* 202
pseudonymus, pseudonym 269
publicare, edit[2], publish 123; 271
publicari, *be* published 272
publicatio cessata, ceased publication 61
publicus, official 220

rarus, rare 275
raster, screen 298
recens, new 208
recensere, criticize; review 105; 288
recensio, critique 104
recognitio, revision 290
recognoscere, revise[1] 289
recto, recto 277
redactio, editorial office 127
redactor, editor[1] 125
redemptor, editor 273
refer(a)tum, report[1] 283
refutatio, refutation 281
regestrum, minutes *pl.* 202
register, list 184
regula, prescription; statute[1] 258; 323
reimpressum, reprint[1] 285
repertorium, repertory 282
reproductio, reproduction 286
res gestae *pl.*, history 157
retractare, rewrite 291
revidere, revise[1] 289
revisio, revision 290
rudimentum, textbook 338

saeculum, century 62
scala, scale 293
scenarium, scenario 294
schola, school 295
scida, card 56
scida adiuncta, added entry 9
scida catalogi, card 56
scida principalis, main card 191
scida referentiae, reference card 278
scida secunda, added entry 9
scida temporaria, temporary card 336
scientia, science 296
scribere, write 372
scriptor, author; writer 35; 374
scriptum, document; script 117; 299
scriptura, script 299
scriptura Braille (pro caecis), braille printing 52
sculpere, engrave 131
sculptura, engraving 132
sectio, section 301
secundum, after 12
seligere, select 302
sententia, adage 7
separatum, offprint 221
series, series 305
series illustrationum delectantium in diurnis, comic strip 80
sermo, dialog, speech 114; 319
sessio, sitting 311
signatura, signature 310
signatura loci, location mark 189
sine, without 369
s. l. s. a. → *sine* loco sine anno
societas, society 313
solus, only *a.* 223
stenographia, shorthand 308
stropha, strophe 325
studium, essay[1]; study 136; 326
sub, under 357
subter, under 357
summa, contents *pl.* 91
super, about; on 3; 222
supplementum, addenda; supplementary 10, 332
supplere, complete 86
suppletivus, supplementary 332
supra, about; on 3; 222

tabella, table 333
taberna libraria, bookshop 51

APPENDIX

CALENDAR UNITS — TEMPORA

Januarius, January	I
Februarius, February	II
Martius, March	III
Aprilis, April	IV
Maius, May	V
Junius, June	VI
Julius, July	VII
Augustus, August	VIII
September, September	IX
October, October	X
November, November	XI
December, December	XII
Dies Lunae, feria II., Monday	XIII
Dies Martis, feria III., Tuesday	XIV
Dies Mercurii, feria IV., Wednesday	XV
Dies Iovis, feria V., Thursday	XVI
Dies Veneris, feria VI., Friday	XVII
Dies Saturni, feria VII., Saturday	XVIII
Dies Solis, Dominica, Sunday	XIX
annus, year	XX
annalis, annuus, annual, yearly	XXI
semestris, half-yearly, semi-annual	XXII
trimestris, quarterly	XXIII
mensis, month	XXIV
mensilis, menstruus, monthly	XXV
semimensilis, semimenstruus, fortnightly, semi-monthly	XXVI
hebdomas, hebdomada, week	XXVII
semel in hebdomade/hebdomada, weekly	XXVIII
dies, day	XXIX
cotidianus, daily	XXX

NUMERALS — NUMERI

1 (I)	**unus, -a, -um**	one
2 (II)	**duo, duae, duo**	two
3 (III)	**tres, tria**	three
4 (IV)	**quattuor**	four
5 (V)	**quinque**	five
6 (VI)	**sex**	six
7 (VII)	**septem**	seven
8 (VIII)	**octo**	eight
9 (IX)	**novem**	nine
10 (X)	**decem**	ten
11 (XI)	**undecim**	eleven
12 (XII)	**duodecim**	twelve
13 (XIII)	**tredecim**	thirteen
14 (XIV)	**quattuordecim**	fourteen
15 (XV)	**quindecim**	fifteen
16 (XVI)	**sedecim**	sixteen
17 (XVII)	**septendecim**	seventeen
18 (XVIII)	**duodeviginti, octodecim**	eighteen
19 (XIX)	**undeviginti, novemdecim**	nineteen
20 (XX)	**viginti**	twenty
21 (XXI)	**unus et viginti**	twenty one
30 (XXX)	**triginta**	thirty
40 (XL)	**quadraginta**	forty
50 (L)	**quinquaginta**	fifty

60 (LX)	**sexaginta**	sixty
70 (LXX)	**septuaginta**	seventy
80 (LXXX)	**octoginta**	eighty
90 (XC)	**nonaginta**	ninety
100 (C)	**centum**	hundred
200 (CC)	**ducenti, -ae, -a**	two hundred
300 (CCC)	**trecenti**	three hundred
400 (CD)	**quadringenti**	four hundred
500 (D)	**quingenti**	five hundred
600 (DC)	**sescenti**	six hundred
700 (DCC)	**septingenti**	seven hundred
800 (DCCC)	**octingenti**	eight hundred
900 (CM)	**nongenti**	nine hundred
1000 (M)	**mille**	thousand

1. primus, -a, -um	first
2. secundus, alter	second
3. tertius	**third**
4. quartus	fourth
5. quintus	fifth
6. sextus	sixth
7. septimus	seventh
8. octavus	eighth
9. nonus	ninth
10. decimus	tenth
11. undecimus	eleventh
12. duodecimus	twelfth
13. tertius decimus	thirteenth
14. quartus decimus	fourteenth
15. quintus decimus	fifteenth
16. sextus decimus	sixteenth
17. septimus decimus	seventeenth
18. duodevicesimus	eighteenth
19. undevicesimus	nineteenth
20. vicesimus	twentieth
21. vicesimus primus	twenty first
30. tricesimus	thirtieth
40. quadragesimus	fortieth
50. quinquagesimus	fiftieth
60. sexagesimus	sixtieth
70. septuagesimus	seventieth
80. octogesimus	eightieth
90. nonagesimus	ninetieth
100. centesimus	hundredth
200. ducentesimus	two hundredth
300. trecentesimus	three hundredth
400. quadringentesimus	four hundredth
500. quingentesimus	five hundredth
600. sescentesimus	six hundredth
700. septingentesimus	seven hundredth
800. octingentesimus	eight hundredth
900. nongentesimus	nine hundredth
1000. millesimus	thousandth

NORWEGIAN–NORVEGICA

bilde, picture 241
bilingval, bilingual 44
billigbok, paperback 232
bind, binding; volume[1] 47; 366
binde, bind 45
biografi, biography 48
blad, leaf; newspaper; sheet 178; 209; 307
blandet, miscellanea *pl.* 203
blindeskrift, braille printing 52
bok, book 49
bokbinderi, bindery 46
bokhandel, bookshop 51
bokkunskap, bibliology 43
bokmagasin, stack-room 320
boksignatur, location mark 189
boktrykker, printer 264
boktrykkeri, printing office 266
brev, letter 181
brevveksling, correspondence 103
bruddstykke, fragment 152
bruk, use *n.* 362
bruke, use *v.* 363
bryllupsdikt, bridal song 53
bulletin, bulletin 54
bybibliotek, city library 68
på **bånd,** on tape 335

dagbok, diary 115
de *pl.*, the 339
dedikasjon, dedication 109
dedisert, dedicated 108
defekt, defective 110
del, part 236
dementi, refutation 281
den, the 339
desiderata *pl.*, desiderata *pl.* 113
desimalklassifikasjon, decimal classification 107
det, the 339
dialog, dialog 114
dikt, poem; poetry 248; 250
dikte, write poetry 373
diktekunst, poetry 250
dikter, poet 249
diktning, poetry 250
diktning på prosa, fiction 146
disputas, thesis; treatise 340; 352
dokument, document 117
dokumentasjon, documentation 118
drama, play 246
dreiebok, scenario 294
dublett, duplicate 121
duplikat, duplicate 121
dødsbo, literary remains *pl.* 185

eksemplar, copy[2] 97
ekte, authentic 34
elegi, elegy 129
embete, office 219
embets-, official 220
emneord, title entry 342
en, a, an 1
eneste, only 223
enestående, only 223
epilog, epilogue 135
epistel, letter 181
epos, epic 134
erindringer *pl.*, memoirs *pl.* 197
essay, essay[1]; study 136; 326
et(t), a, an 1
etter, after 12
etterlatt, posthumous 254
etterlatte skrifter *pl.*, literary remains *pl.* 185
etterlikning, imitation 161
etterord, epilogue 135
etterskrift, epilogue; postscript 135; 255
eventyr, fable 143

fabel, fable 143
fagbibliografi, special bibliography 317
fagbibliotek, special library 318
faksimile, facsimile 144
felleskatalog, union catalog(ue) 358
fiksjon, fiction 146
flerspråklig, polyglot 252
flygeblad, flysheet 148
folkebibliotek, public library 270
for, for; on 150; 222
forandre, change[1] 63
forandre seg, change[2] 64
forbedre, correct 101
forberede, prepare 257
forberede til trykning, edit[1] 122
forelesning, lecture 179
foreløpig kort, temporary card 336

nekrolog, obituary notice 216
notasjon, notation 211
note, annotation 22
noter *pl.*, printed music 263
novelle, short story 309
nummer, number[1]; number[2] 214; 215
ny, new 208

offisiell, official 220
og, and 18
om, about 3
omarbeide, rewrite 291
omdanne, change[1]; rewrite 63; 291
omforme, change[1] 63
oppdiktning, fiction 146
opphav, source 316
opphørt å utkomme, ceased publication 61
oppkomme, source 316
opplag, impression 162
opplese, lecture 179
opprinnelig, original 226
opptrykk, reprint[1] 285
opstille, arrange 29
ordbok, dictionary; glossary 116; 154
ordliste, glossary 154
ordne, arrange 29
ordspråk, adage 7
ordstrid, polemic 251
original, original 226
originalhåndskript, autograph 39
originalmanuskript, autograph 39
over, about 3
oversette, translate 348
oversettelse, translation 349

paginering, paging 229
paleotyp, incunabula *pl.* 166
papir, paper[1] 231
papyrus, papyrus 233
paragraf, paragraph 234
passim, passim 237
pergament, parchment 235
periodika, periodical[2] 239
periodisk, periodical[1] 238
periodisk skrift, periodical[2] 239
personalbibliografi, author bibliography 36
plagiat, plagiarism 244
plagiering, plagiarism 244
plan, sketch 312
plansje, plate 245
plass, place 243
plassignatur, location mark 189
plate, plate 245
pliktavleveringseksemplar, deposit copy 112
poesi, poetry 250
polemikk, polemic 251
polyglot, polyglot 252
portrett, portrait 253
posthum, posthumous 254
preg, impression 162
president, president 259
presse, press[1] 260
prosa, prose 267
protokoll, minutes *pl.* 202
psevdonym, pseudonym 269
publikasjon, edition 124
på, in; on 164; 222

rapport, report[1] 283
raster, screen 298
redaksjon, editorial office 127
redaktør, editor[1] 125
referansearbeid, reference work 280
referanseverk, reference work 280
referat, report[1] 283
regel, prescription; statute[1] 258; 323
register, table of contents 334
rekke, series 305
repertoar, repertory 282
reproduksjon, reproduction 286
revidere, revise[1] 289
revisjon, revision 290
revy, review *n.* 287
roman, novel 213
rundskue, review *n.* 287
rygg, back 40

sagn, fable 143
saktitel, title entry 342
samfunn, society 313
samlede verker *pl.*, complete works *pl.* 87
samle in, collect 74
samle sammen, collect 74

APPENDIX

CALENDAR UNITS – TEMPORA

januar, January	**I**	**desember,** December	**XII**	**halvårlig,** half-yearly, semi-annual	**XXII**
februar, February	**II**	**mandag,** Monday	**XIII**	**kvartal,** quarterly	**XXIII**
mars, March	**III**	**tirsdag,** Tuesday	**XIV**	**måned,** month	**XXIV**
april, April	**IV**	**onsdag,** Wednesday	**XV**	**månedlig,** monthly	**XXV**
mai, May	**V**	**torsdag,** Thursday	**XVI**	**halvmånedlig, toukentlig,** fortnightly, semi-monthly	**XXVI**
juni, June	**VI**	**fredag,** Friday	**XVII**	**uke,** week	**XXVII**
juli, July	**VII**	**lørdag,** Saturday	**XVIII**	**ukentlig,** weekly	**XXVIII**
august, August	**VIII**	**søndag,** Sunday	**XIX**	**dag,** day	**XXIX**
september, September	**IX**	**år,** year	**XX**	**daglig,** daily	**XXX**
oktober, October	**X**	**årlig,** annual, yearly	**XXI**		
november, November	**XI**				

NUMERALS — NUMERI

1	**en, ett**	one	16 **seksten**	sixteen
2	**to**	two	17 **sytten**	seventeen
3	tre	three	18 **atten**	eighteen
4	**fire**	four	19 **nitten**	nineteen
5	**fem**	five	20 **tyve**	twenty
6	**seks**	six	21 **en og tyve**	twenty-one
7	**syv**	seven	30 **tredve**	thirty
8	**åtte**	eight	40 **førti**	forty
9	**ni**	nine	50 **femti**	fifty
10	**ti**	ten	60 **seksti**	sixty
11	**elleve**	eleven	70 **sytti**	seventy
12	**tolv**	twelve	80 **åtti**	eighty
13	**tretten**	thirteen	90 **nitti**	ninety
14	**fjorten**	fourteen	100 **hundre**	hundred
15	**femten**	fifteen	200 **to hundre**	two hundred

300 tre hundre	three hundred
400 fire hundre	four hundred
500 fem hundre	five hundred
600 seks hundre	six hundred
700 syv hundre	seven hundred
800 åtte hundre	eight hundred
900 ni hundre	nine hundred
1000 tusen	thousand
1. første	first
2. annen, annet	second
3. tredje	third
4. fjerde	fourth
5. femte	fifth
6. sjette	sixth
7. syvende	seventh
8. åttende	eighth
9. niende	ninth
10. tiende	tenth
11. ellevte	eleventh
12. tolvte	twelfth
13. trettende	thirteenth
14. fjortende	fourteenth
15. femtende	fifteenth
16. sekstende	sixteenth
17. syttende	seventeenth
18. attende	eighteenth
19. nittende	nineteenth
20. tyvende	twentieth
21. enogtivende	twenty-first
30. tredevte	
trettiende	thirtieth
40. førtiende	fortieth
50. femtiende	fiftieth
60. sekstiende	sixtieth
70. syttiende	seventieth
80. åttiende	eightieth
90. nittiende	ninetieth
100. hundrede	hundredth
200. to hundrede	two hundredth
300. tre hundrede	three hundredth
400. fire hundrede	four hundredth
500. fem hundrede	five hundredth
600. seks hundrede	six hundredth
700. syv hundrede	seven hundredth
800. åtte hundrede	eight hundredth
900. ni hundrede	nine hundredth
1000. tusende	thousandth

NORWEGIAN ALPHABET — LITTERAE NORVEGICAE

A a	**I i**	**R r**	**Æ æ**
B b	**J j**	**S s**	**Ø ø**
C c	**K k**	**T t**	**Å å**
D d	**L l**	**U u**	
E e	**M m**	**V v**	
F f	**N n**	**W w**	
G g	**O o**	**X x**	
H h	**P p**	**Y y**	
	Q q	**Z z**	

POLISH – POLONICA

APPENDIX

CALENDAR UNITS — TEMPORA

styczeń, January	**I**	**grudzień,** December	**XII**	**półroczny,** half-yearly, semi-annual	**XXII**
luty, February	**II**	**poniedziałek,** Monday	**XIII**	**kwartalny,** quarterly	**XXIII**
marzec, March	**III**	**wtorek,** Tuesday	**XIV**	**miesiąc,** month	**XXIV**
kwiecień, April	**IV**	**środa,** Wednesday	**XV**	**miesięczny,** monthly	**XXV**
maj, May	**V**	**czwartek,** Thursday	**XVI**	**półmiesięczny,** fort-nightly, semi-monthly	**XXVI**
czerwiec, June	**VI**	**piątek,** Friday	**XVII**	**tydzień,** week	**XXVII**
lipiec, July	**VII**	**sobota,** Saturday	**XVIII**	**tygodniowy,** weekly	**XXVIII**
sierpień, August	**VIII**	**niedziela,** Sunday	**XIX**	**dzień,** day	**XXIX**
wrzesień, September	**IX**	**rok,** year	**XX**	**codzienny,** daily	**XXX**
październik, October	**X**	**roczny,** annual, yearly	**XXI**		
listopad November	**XI**				

NUMERALS — NUMERI

1	**jeden, -dna, -dno**	one	16	**szesnaście**	sixteen
2	**dwa, dwie, dwa**	two	17	**siedemnaście**	seventeen
3	**trzy**	three	18	**osiemnaście**	eighteen
4	**cztery**	four	19	**dziewiętnaście**	nineteen
5	**pięć**	five	20	**dwadzieścia**	twenty
6	**sześć**	six	21	**dwadzieścia jeden**	twenty-one
7	**siedem**	seven	30	**trzydzieści**	thirty
8	**osiem**	eight	40	**czterdzieści**	forty
9	**dziewięć**	nine	50	**pięćdziesiąt**	fifty
10	**dziesięć**	ten	60	**sześćdziesiąt**	sixty
11	**jedenaście**	eleven	70	**siedemdziesiąt**	seventy
12	**dwanaście**	twelve	80	**osiemdziesiąt**	eighty
13	**trzynaście**	thirteen	90	**dziewięćdziesiąt**	ninety
14	**czternaście**	fourteen	100	**sto**	hundred
15	**pietnaście**	fifteen	200	**dwieście**	two hundred

300 trzysta	three hundred	16. szesnasty	sixteenth
400 czterysta	four hundred	17. siedemnasty	seventeenth
500 pięćset	five hundred	18. osiemnasty	eighteenth
600 sześćset	six hundred	19. dziewiętnasty	nineteenth
700 siedemset	seven hundred	20. dwudziesty	twentieth
800 osiemset	eight hundred	21. dwudziesty pierwszy	twenty-first
900 dziewięćset	nine hundred	30. trzydziesty	thirtieth
1000 tysiąc	thousand	40. czterdziesty	fortieth
1. pierwszy, -a, -e	first	60. pięćdziesiąty	fiftieth
2. drugi	second	60. sześćdziesiąty	sixtieth
3. trzeci	third	70. siedemdziesiąty	seventieth
4. czwarty	fourth	80. osiemdziesiąty	eightieth
5. piąty	fifth	90. dziewięćdziesiąty	ninetieth
6. szósty	sixth	100. setny	hundredth
7. siódmi	seventh	200. dwusetny	two hundredth
8. óśmi	eighth	300. trzechsetny	three hundredth
9. dziewiąty	ninth	400. czterechsetny	four hundredth
10. dziesiąty	tenth	500. pięćsetny	five hundredth
11. jedenasty	eleventh	600. sześćsetny	six hundredth
12. dwunasty	twelfth	700. siedemsetny	seven hundredth
13. trzynasty	thirteenth	800. osiemsetny	eight hundredth
14. czternasty	fourteenth	900. dziewięćsetny	nine hundredth
15. piętnasty	fifteenth	1000. tysiączny	thousandth

POLISH ALPHABET

LITTERAE POLONICAE

A a, Ą ą	**G g**	**M m**	**T t**
B b	**H h**	**N n, Ń ń**	**U u**
C c	**I i**	**O o, Ó ó**	**W w**
Ć ć	**J j**	**P p**	**Y y**
D d	**K k**	**R r**	**Z z**
E e, Ę ę	**L l**	**S s**	**Ź ź**
F f	**Ł ł**	**Ś ś**	**Ż ż**

PORTUGUESE—PORTUGALLICA

do, of 218
documentação, documentation 118
documento, document 117
dos, of 218
drama, play 246
dúbio, doubtful 119
duplicado, duplicate 121
duvidoso, doubtful 119

e, and 18
edição, edition 124
edição completa, complete works 87
editar, edit[2] 123
editor, editor[2]; publisher[1] 126; 273
elaborar, elaborate 128
elegia, elegy 129
elogio, panegyric 230
em, in 164
emenda, correction 102
emendar, correct 101
emprêgo, use *n.* 362
empréstimo, lending 180
encabeçamento, subject heading 327
encadernação, bindery; binding 46; 47
encadernar, bind 45
enciclopédia, encyclopaedia 130
encomenda, order[2] 225
ensaio, essay[1]; study 136; 326
entrada pelo título, title entry 342
entrada secundária, added entry 9
entrada simplificada, abbreviated entry 2
epístola, letter 181
epitalámio, bridal song 53
epopeia, epic 134
esboço, sketch 312
escala, scale 293
escola, school 295
escolha, selection 303
escolher, select 302
escrever, write 372
escrita, script 299
escrita braille, braille printing 52
escritor, writer 374
escritório, office 219
estampar, print[1] 261
estatuto, statute[1] 323
estenografia, shorthand 308
estrofa, strophe 325
estudo, study 326
excerto, extract 142
exemplar, copy[2] 97
exemplar dactilografado, typescript 353
exemplar de depósito legal, deposit copy 112
explicação, commentary; explanation 82; 141
explicar, explain 140
exposição, exhibition 139
extracto, extract 142

fábula, fable 143
fac-símile, facsimile 144
falha tipográfica, printer's error 265
falsificação, forgery 151
falso, forgery 151
fascículo, number[2] 215
fazer versos, write poetry 373
ficha, card 56
ficha principal, main card 191
ficha provisória, temporary card 336
ficha remissiva, reference card 278
figura, picture 241
figurar, represent 284
folha, sheet 307
folheto, flysheet 148
fonte, source 316
fotografia, photograph 240
fototipia, collotype 76
fragmento, fragment 152

glossário, glossary 154
grande, large 176
gravar, engrave 131
gravura, engraving 132
gravura em água-forte, etching 137
gravura em cobre, copperplate 94
gravura em madeira, woodcut 370
gravura em talhe doce, copperplate engraving 95
guia, guide(-book) 155
guião, scenario 294

hino, anthem 24
história, history 157

palavra de título, subject heading 327
panegírico, panegyric 230
papel, paper[1] 231
papel volante, flysheet 148
papiro, papyrus 233
para, for; on; to 150; 222; 344
parágrafo, paragraph 234
parte, part; section 236; 301
partitura, printed music 263
peça, piece 242
pedaço, piece 242
pé de imprensa, imprint 163
pedido, order[2] 225
pequeno, little 188
pergaminho, parchment 235
periódico[1], periodical[1] *a.* 238
periódico[2], periodical[2] *n.* 239
plágio, plagiarism 244
poema, poem; poetry 248; 250
poesia, poetry 250
poeta, poet 249
polêmica, polemic 251
poliglota, polyglot 252
por, by; for; from; of; on 55; 150; 153; 218; 222
por baixo de, under 357
pôr em ordem, arrange 29
pós-data, epilogue 135
pós-escrito, postscript 255
póstumo, posthumous 254
prefácio, preface 256
prensa, press[1] 260
preparar, prepare 257
preparar para a impressão, edit[1] 122
prescrição, prescription 258
presidente, president 259
primeira edição, original edition 227
primeiro, first 147
principal, chief; first 66; 147
proémio, preface 256
propriedade intelectual, copyright 98
prosa, prose 267
protocolo, minutes *pl.* 202
prover, provide (with) 268
provérbio, adage 7
pseudónimo, pseudonym 269
publicação comemorativa, memorial volume 199
publicação finda, ceased publication 61
publicar, edit[2]; publish 123; 271

quotidiano, newspaper 209

raro, rare 275
recolher, summarize 329
recto, recto 277
redacção, editorial office 127
redactor, editor[1] 125
refundir, rewrite 291
refutação, refutation 281
regra, statute[1] 323
reimpressão, reprint[1] 285
repertorio, repertory 282
reprodução, reproduction 286
resenhar, review *v.* 288
resumir, abridge; summarize 4; 329
resumo, summary 330
retocar, rewrite 291
retrato, portrait 253
reunião, assembly 32
revisão, revision 290
revista, periodical[2] *n*; review *n.* 239; 287
romance, novel 213
romance de anticipação científica, science fiction 297
romances e novelas, fiction 146
rosto, title page 343

sair, *be* published 272
secção, section 301
século, century 62
selecção, selection 303
seleccionar, select 302
sem, without 369
separata, offprint 221
série, series 305
serviço de permuta, exchange centre 138
sessão, sitting 311
s. l. n. d. → *sem* lugar nem data
sob, under 357
sobre, sôbre, about; on 3; 222
sociedade, society 313
subscripção, subscription 328
superior, chief 66
suplementário, supplementary 332
suplemento, addenda; appendix; supplement *n.* 10; 26; 331

APPENDIX

CALENDAR UNITS — TEMPORA

Janeiro, January	I	**segunda-feira,** Monday	XIII	**trimensal, trimestrial,** quarterly	XXIII
Fevereiro, February	II	**terça-feira,** Tuesday	XIV	**mês,** month	XXIV
Março, March	III	**quarta-feira,** Wednesday	XV	**mensal,** monthly	XXV
Abril, April	IV	**quinta-feira,** Thursday	XVI	**bimensal, quinzenal,** fortnightly, semi-monthly	XXVI
Maio, May	V	**sexta-feira,** Friday	XVII	**semana,** week	XXVII
Junho, June	VI	**sábado,** Saturday	XVIII	**semanal,** weekly	XXVIII
Julho, July	VII	**domingo,** Sunday	XIX	**dia,** day	XXIX
Agosto, August	VIII	**ano,** year	XX	**diário, quotidiano,** daily	XXX
Setembro, September	IX	**anual,** yearly annual	XXI		
Outubro, October	X	**semestral,** half-yearly, semi-annual	XXII		
Novembro, November	XI				
Dezembro, December	XII				

NUMERALS — NUMERI

1	**um, uma**	one	16	**dezesseis**	sixteen
2	**dois, duas**	two	17	**dezessete**	seventeen
3	**três**	three	18	**dezoito**	eighteen
4	**quatro**	four	19	**dezenove**	nineteen
5	**cinco**	five	20	**vinte**	twenty
6	**seis**	six	21	**vinte e um**	twenty one
7	**sete**	seven	30	**trinta**	thirty
8	**oito**	eight	40	**quarenta**	forty
9	**nove**	nine	50	**cinquenta**	fifty
10	**dez**	ten	60	**sessenta**	sixty
11	**onze**	eleven	70	**setenta**	seventy
12	**doze**	twelve	80	**oitenta**	eighty
13	**treze**	thirteen	90	**noventa**	ninety
14	**catorze**	fourteen	100	**cem, cento**	hundred
15	**quinze**	fifteen	200	**duzentos**	two hundred

300 **trezentos**	three hundred
400 **quatrocentos**	four hundred
500 **quinhentos**	five hundred
600 **seiscentos**	six hundred
700 **setecentos**	seven hundred
800 **oitocentos**	eight hundred
900 **novecentos**	nine hundred
1000 **mil**	thousand
1. **primeiro**	first
2. **segundo**	second
3. **terceiro**	third
4. **quarto**	fourth
5. **quinto**	fifth
6. **sexto**	sixth
7. **sétimo**	seventh
8. **oitavo**	eighth
9. **nono**	ninth
10. **décimo**	tenth
11. **undécimo, onzeno, décimo primeiro**	eleventh
12. **duodécimo, décimo segundo**	twelfth
13. **décimo terceiro**	thirteenth
14. **décimo quarto**	fourteenth
15. **décimo quinto**	fifteenth
16. **décimo sexto**	sixteenth
17. **décimo sétimo**	seventeenth
18. **décimo oitavo**	eighteenth
19. **décimo nono**	nineteenth
20. **vigésimo**	twentieth
21. **vigésimo primeiro**	twenty-first
30. **trigésimo**	thirtieth
40. **quadragésimo**	fortieth
50. **quinquagésimo**	fiftieth
60. **sexagésimo**	sixtieth
70. **septuagésimo**	seventieth
80. **octagésimo**	eightieth
90. **nonagésimo**	ninetieth
100. **centésimo**	hundredth
200. **ducentésimo**	two hundredth
300. **trecentésimo**	three hundredth
400. **quadringentésimo**	four hundredth
500. **quingentésimo**	five hundredth
600. **sexcentésimo**	six hundredth
700. **septingentésimo**	seven hundredth
800. **octingentésimo**	eight hundredth
900. **nongentésimo, noningentésimo**	nine hundredth
1000. **milésimo**	thousandth

PORTUGUESE ALPHABET

LITTERAE PORTUGALLICAE

A a	**I i**	**Q q**
B b	**J j**	**R r**
C c	**L l**	**S s**
D d	**M m**	**T t**
E e, É é	**N n**	**U u**
F f	**O o**	**V v**
G g	**P p**	**X x**
H h		**Z z**

RUMANIAN–RUMENICA

de, by; from; of 55; 153; 218
decret, order[1] 224
dedicat, dedicated 108
dedicație, dedication 109
defect, defective 110
defectat, defective 110
desen, drawing 120
despre, about; on 3; 222
deziderat, desiderata 113
dialog, dialog 114
dicționar, dictionary 116
din, from; of 153; 218
disc, record[1] 276
diserta, treat 351
disertație, thesis; treatise 340; 352
document, document 117
documentație, documentation 118
dos, back 40
dramă, play 246
drept de autor, copyright 98
dubios, doubtful 119
dublet, duplicate 121
după, after 12
duplicat, copy[1] 96

edita, edit[2]; publish 123; 271
editor, editor[2]; publisher[1] 126; 273
editură, publishing house 274
ediție, edition 124
ediție completă, complete works 87
ediție festivă, memorial volume 199
ediție omagială, memorial volume 199
ediție princeps, original edition 227
elabora, elaborate 128
elegie, elegy 129
elogiu, panegyric 230
enciclopedie, encyclopaedia 130
epilog, epilogue 135
epistolă, letter 181
epitalam, bridal song 53
epopee, epic 134
eseu, essay[1] 136
exemplar, copy[2] 97
exemplar de obligație, deposit copy 112
explica, explain 140
explicație, explanation 141
expoziție, exhibition 139
extras, extract; offprint 142; 221

facsimil, facsimile 144
falsificare, forgery 151
falsificație, forgery 151
fasciculă, number[2] 215
fața, recto 277
fără, without 369
figură, picture 241
filă, leaf 178
fișă, card 56
fișă de catalog, card 56
fișă de trimitere, reference card 278
fișă principală, main card 191
fișă provizorie, temporary card 336
fișă suplimentară/secundară, added entry 9
f. l. ș. a. → *fără* loc și an
foaie, leaf; sheet 178; 307
foaie volantă, flysheet 148
fotografie, photograph 240
fototipie, collotype 76
fracțiune, fragment 152
fragment, fragment 152
frontispiciu, title page 343

gazetă, newspaper 209
general, chief 66
ghid, guide(-book) 155
glosar, glossary 154
grava, engrave 131
gravură, copperplate engraving, engraving 95; 132
gravură cu acvaforte, etching 137
gravură în lemn, woodcut 370
gravură pe cupru, copperplate 94
greșeală de tipar, printer's error 265

hartă, map 193
hîrtie, paper[1] 231

-i *pl.*, the 339
iconografie, iconography 158
idilă, idyll 159
ieși de sub tipar, *be* published 272
ilustra, illustrate; represent 160; 284
ilustrație, picture 241
imagine, picture 241
imitație, imitation 161
imn, anthem 24
imprima, print[1] 261
imprimare, impression 162

număr, number[1] 214
numărătoarea paginilor, paging 229
număr de magazie, location mark 189
nume, name 206
nuvelă, short story; story 309; 324

o, a, an 1
obligaţiune de predare, copyright deposit 99
oblong, oblong 217
observaţie, note[1] 212
oficial, official 220
oficiu, office 219
omagiu, memorial volume 199
operă, work 371
opere complete *pl.*, complete works *pl.* 87
opere postume *pl.*, literary remains 185
oraţiune, speech 319
ordin, order[1] 224
ordine alfabetică, alphabetical order 15
original *a.*, original 226
original *n.*, manuscript 192

paginaţie, paging 229
pagină, page 228
panegiric, panegyric 230
papirus, papyrus 233
paragraf, paragraph 234
parte, part; section 236; 301
passim, passim 237
pentru, for 150
pergament, parchment 235
periodic, periodical[1] 238
plagiat, plagiarism 244
planşă, plate 245
poem, poem 248
poem epic, epic 134
poet, poet 249
poezie, poetry 250
poliglot, polyglot 252
portret, portrait 253
postfaţă, epilogue 135
post-scriptum, postscript 255
postum, posthumous 254
poveste, fable; short story 143; 309
povestire, story 324
prefaţă, preface 256
pregăti, prepare 257
prelegere, lecture 179
prelucra, elaborate; rewrite 128; 291
presă, press[1] 260
prescripţie, prescription 258
prescurta, abridge 4
preşedinte, president 259
prim, first 147
prima ediţie, original edition 227
principal, chief 66
proces-verbal, minutes *pl.* 202
protocol, minutes *pl.* 202
proză, prose 267
pseudonim, pseudonym 269
publica, edit[2] 123
publica, se, *be* published 272
publicaţie, advertisement 11

raport, report[1] 283
rar, rare 275
raster, screen 298
recenza, criticize; review *v.* 105; 288
reclamă, advertisement 11
recto, recto 277
redactor, editor[1] 125
redacţie, editorial office 127
reface, rewrite 291
refutare, refutation 281
refutaţie, refutation 281
regulament, prescription; statute[1] 258; 323
regulă, prescription; statute[1] 258; 323
reimprimare, reprint[1] 285
repertoriu, repertory 282
reprezenta, represent 284
reproducere, reproduction 286
retipărire, reprint[1] 285
revedea, revise[1] 289
revistă, periodical[2]; review *n.* 287
revistă umoristică, comic paper 79
revizie, revision 290
revizui, revise[1] 289
rezuma, summarize 329
rezumat, summary 330
rîndui, arrange 29
roman, novel 213
roman ştiinţific fantastic, science fiction 297

scară, scale 293
scenariu, scenario 294

APPENDIX

CALENDAR UNITS — TEMPORA

ianuarie, January	I	**luni,** Monday	XIII	**trimestrial,** quarterly	XXIII
februarie, February	II	**marţi,** Tuesday	XIV	**lună,** month	XXIV
martie, March	III	**miercuri,** Wednesday	XV	**lunar,** monthly	XXV
aprilie, April	IV	**joi,** Thursday	XVI	**bilunar,** fortnightly, semi-monthly	XXVI
mai, May	V	**vineri,** Friday	XVII	**săptămînă,** week	XXVII
iunie, June	VI	**sîmbătă,** Saturday	XVIII	**săptămînal, ebdomadar,** weekly	XXVIII
iulie, July	VII	**duminică,** Sunday	XIX	**zi,** day	XXIX
august, August	VIII	**an,** year	XX	**zilnic, cotidian,** daily	XXX
septembrie, September	IX	**anual,** annual, yearly	XXI		
octombrie, October	X	**bianual, semestrial,** half-yearly, semi-annual	XXII		
noiembrie, November	XI				
decembrie, December	XII				

NUMERALS — NUMERI

1	**un, unu; o, una**	one	16	**şaisprezece**	sixteen
2	**doi, două**	two	17	**şaptesprezece**	seventeen
3	**trei**	three	18	**optsprezece**	eighteen
4	**patru**	four	19	**nouăsprezece**	nineteen
5	**cinci**	five	20	**douăzeci**	twenty
6	**şase**	six	21	**douăzeci şi unu/una**	twenty one
7	**şapte**	seven	30	**treizeci**	thirty
8	**opt**	eight	40	**patruzeci**	forty
9	**nouă**	nine	50	**cin(ci)zeci**	fifty
10	**zece**	ten	60	**şaizeci**	sixty
11	**unsprezece**	eleven	70	**şaptezeci**	seventy
12	**doisprezece, douăsprezece**	twelve	80	**optzeci**	eighty
13	**treisprezece**	thirteen	90	**nouăzeci**	ninety
14	**paisprezece, patrusprezece**	fourteen	100	**o sută**	hundred
15	**cin(ci)sprezece**	fifteen	200	**două sute**	two hundred

300 trei sute	three hundred	**16. al șaisprezecelea**	sixteenth
400 patru sute	four hundred	**17. al șaptesprezecelea**	seventeeth
500 cinci sute	five hundred	**18. al optsprezecelea**	eighteenth
600 șase sute	six hundred	**19. al nouăsprezecelea**	nineteenth
700 șapte sute	seven hundred	**20. al douăzecilea, a douăzecea**	twentieth
800 opt sute	eight hundred	**21. al douăzeci și unulea**	twenty first
900 nouă sute	nine hundred	**30. al treizecilea**	thirtieth
1000 o mie	thousand	**40. al patruzecilea**	fortieth
1. întîi(ul), primul; întîi(a), prima	first	**50. al cincizecilea**	fiftieth
2. al doilea, a doua	second	**60. al șaizecilea**	sixtieth
3. al treilea, a treia	third	**70. al șaptezecilea**	seventieth
4. al patrulea, a patra	fourth	**80. al optzecilea**	eightieth
5. al cincilea, a cincea	fifth	**90. al nouăzecilea**	ninetieth
6. al șaselea, a șasea	sixth	**100. al sutălea, a suta**	hundredth
7. al șaptelea, a șaptea	seventh	**200. al două sutălea, a două suta**	two hundredth
8. al optulea, a opta	eighth	**300. al trei sutălea**	three hundredth
9. al nouălea, a noua	ninth	**400. al patru sutălea**	four hundredth
10. al zecelea, a zecea	tenth	**500. al cinci sutălea**	five hundredth
11. al unsprezecelea, a unsprezecea	eleventh	**600. al șase sutălea**	six hundredth
12. al doisprezecelea	twelfth	**700. al șapte sutălea**	seven hundredth
13. al treiprezecelea	thirteenth	**800. al opt sutălea**	eight hundredth
14. al paisprezecelea/patrusprezecelea	fourteenth	**900. al nouă sutălea**	nine hundredth
15. al cin(ci)sprezecelea	fifteenth	**1000. al miilea, a mia**	thousandth

RUMANIAN ALPHABET

LITTERAE RUMENICAE

A a â	**Î î**	**S s**
Ă ă	**J j**	**Ş ş**
B b	**K k**	**T t**
C c	**L l**	**Ţ ţ**
D d	**M m**	**U u**
E e	**N n**	**V v**
F f	**O o**	**W w**
G g	**P p**	**X x**
H h	**Q q**	**Z z**
I i	**R r**	

SERBIAN—SERVICA

daktilografisani primerak (дактилографисани примерак), typescript 353
decimalna klasifikacija (децимална класификација), decimal classification 107
defektan (дефектан), defective 110
delo (дело), work 371
demanti (деманти), refutation 281
deo (део), part; section 236; 301
deziderat (дезидерат), desiderata *pl.* 113
dijalog (дијалог), dialog 114
disertacija (дисертација), thesis 340
dnevnik (дневник), diary 115
do (до), to 344
dodatak (додатак), addenda *pl.*; appendix; postscript; supplement *n.* 10; 26; 255; 331
dokument (документ), document 117
dokumentacija (документација), documentation 118
dopuna (допуна) addenda *pl.*; appendix 10; 26
dopuniti (допунити), complete *v.* 86
dopunski (допунски), supplementary 332
drama (драма), play 246
društvo (друштво), society 313
drvorez (дрворез), woodcut 370
državna biblioteka (државна библиотека), state library 322
duguljast (дугуљаст), oblong 217
duplikat (дупликат), duplicate 121
dvojezičan (двојезичан), bilingual 44

egzemplar (егземплар), copy² 97
elegija (елегија), elegy 129
enciklopedija (енциклопедија), encyclopaedia 130
ep (еп), epic 134
epilog (епилог), epilogue 135
epopeja (епопеја), epic 134
esej (есеј), essay¹ 136

faksimil (факсимил), facsimile 144
falsifikat (фалсификат), forgery 151
fotografija (фотографија), photograph 240
fototipija (фототипија), collotype 76
fragment (фрагмент), fragment 152

geografska karta (географска карта), map 193
glavni (главни), chief 66
glavni kataloški listić (главни каталошки листић), main card 191
glazba (глазба), music 205
glosar (глосар), glossary 154
godina (година), year 376
godina štampanja (година штампања), date of printing 106
godišnjak (годишњак), year-book 377
godište (годиште), volume² 367
govor (говор), speech 319
gradska biblioteka (градска библиотека), city library 68
gramofonska ploča (грамофонска плоча), record¹ 276
gravira (гравира), engraving 132
gravirati (гравирати), engrave 131

himna (химна), anthem 24
hrbat (хрбат), back 40
hrestomatija (хрестоматија), selection 303
humorističke novine (хумористичке новине), *pl.*, comic (news)paper 79

i (и), and 18
idila (идила), idyll 159
ikonografija (иконографија), iconography 158
ilustracija (илустрација), picture 241
ilustrovati (илустровати), illustrate; represent 160; 284
ime (име), name 206
imitacija (имитација), imitation 161
indeks (индекс), index 167
indeksiranje (индексирање), notation 211
inicijali (иницијали) *pl.*, initial 168
inkunabule (инкунабуле) *pl.*, incunabula *pl.* 166
impresum (импресум), imprint 163
institut (институт), institute 170
inventar (инвентар), inventory 173
ispod (испод), under 357
isprava (исправа), document 117
ispraviti (исправити), correct 101
ispravka (исправка), correction 102
istorija (историја), history 157
iz (из), from; of 153; 218
iza (иза), after 12
izabrati (изабрати), select 302
izdanje (издање), edition 124
izdati (издати), edit² 123
izdavač (издавач), editor²; publisher¹ 126; 273
izdavačko preduzeće (издавачко предузеће), publishing house 274

APPENDIX

CALENDAR UNITS — TEMPORA

januar (јануар), January	I
februar (фебруар), February	II
mart (март), March	III
april (април), April	IV
maj (мај), May	V
juni (јуни), June	VI
juli (јули), July	VII
avgust (август), August	VIII
septembar (септембар), September	IX
oktobar (октобар), October	X
novembar (новембар), November	XI
decembar (децембар), December	XII
ponedeljak (понедељак), Monday	XIII
utorak (уторак), Tuesday	XIV
sreda (среда), Wednesday	XV
četvrtak (четвртак), Thursday	XVI
petak (петак), Friday	XVII
subota (субота), Saturday	XVIII
nedelja (недеља), Sunday	XIX
godina (година), year	XX
godišnji (годишњи), annual, yearly	XXI
polugodišnji (полугодишњи), half-yearly, semiannual	XXII
tromesečni (тромесечни), quarterly	XXIII
mesec (месец), month	XXIV
mesečni (месечни), monthly	XXV
polumesečni (полумесечни), fortnightly, semi-monthly	XXVI
nedelja, sedmica (недеља, седмица), week	XXVII
sedmični (седмични), weekly	XXVIII
dan (дан), day	XXIX
dnevni (дневни), daily	XXX

NUMERALS — NUMERI

1	**jedan, -dna, -dno** (један, -дна, -дно)	one
2	**dva, dve** (два, две)	two
3	**tri** (три)	three
4	**četiri** (четири)	four
5	**pet** (пет)	five
6	**šest** (шест)	six
7	**sedam** (седам)	seven
8	**osam** (осам)	eight
9	**devet** (девет)	nine
10	**deset** (десет)	ten
11	**jedanaest** (једанаест)	eleven
12	**dvanaest** (дванаест)	twelve
13	**trinaest** (тринаест)	thirteen

14	**četrnaest** (четрнаест)	fourteen
15	**petnaest** (петнаест)	fifteen
16	**šesnaest** (шеснаест)	sixteen
17	**sedamnaest** (седамнаест)	seventeen
18	**osamnaest** (осамнаест)	eighteen
19	**devetnaest** (деветнаест)	nineteen
20	**dvadeset** (двадесет)	twenty
21	**dvadeset i jedan** (двадесет и један)	twenty-one
30	**trideset** (тридесет)	thirty
40	**četrdeset** (четрдесет)	forty
50	**pedeset** (педесет)	fifty
60	**šezdeset** (шездесет)	sixty
70	**sedamdeset** (седамдесет)	seventy
80	**osamdeset** (осамдесет)	eighty
90	**devedeset** (деведесет)	ninety
100	**sto, stotina** (сто, стотина)	hundred
200	**dve stotine, dvesta** (две стотине, двеста)	two hundred
300	**tri stotine, trista** (три стотине, триста)	three hundred
400	**četiri stotine, četiristo** (четири стотине, четиристо)	four hundred
500	**petsto, pet stotina** (петсто, пет стотина)	five hundred
600	**šeststo** (шестсто)	six hundred
700	**sedamsto** (седамсто)	seven hundred
800	**osamsto** (осамсто)	eight hundred
1900	**devetsto** (деветсто)	nine hundred
000	**hiljada** (хиљада)	thousand
1.	**prvi, -a, -o** (први, -а, -о)	first
2.	**drugi** (други)	second
3.	**treći** (трећи)	third
4.	**četvrti** (четврти)	fourth
5.	**peti** (пети)	fifth
6.	**šesti** (шести)	sixth
7.	**sedmi** (седми)	seventh
8.	**osmi** (осми)	eighth
9.	**deveti** (девети)	ninth
10.	**deseti** (десети)	tenth
11.	**jedanaesti** (једанаести)	eleventh
12.	**dvanaesti** (дванаести)	twelfth
13.	**trinaesti** (тринаести)	thirteenth
14.	**četrnaesti** (четрнаести)	fourteenth
15.	**petnaesti** (петнаести)	fifteenth
16.	**šesnaesti** (шеснаести)	sixteenth
17.	**sedamnaesti** (седамнаести)	seventeenth
18.	**osamnaesti** (осамнаести)	eighteenth
19.	**devetnaesti** (деветнаести)	nineteenth
20.	**dvadeseti** (двадесети)	twentieth
21.	**dvadeset i prvi** (двадесет и први)	twenty-first
30.	**trideseti** (тридесети)	thirtieth
40.	**četrdeseti** (четрдесети)	fortieth
50.	**pedeseti** (педесети)	fiftieth
60.	**šezdeseti** (шездесети)	sixtieth
70.	**sedamdeseti** (седамдесети)	seventieth
80.	**osamdeseti** (осамдесети)	eightieth
90.	**devedeseti** (деведесети)	ninetieth
100.	**stoti** (стоти)	hundredth
200.	**dvestoti** (двестоти)	two hundredth
300.	**tristoti** (тристоти)	three hundredth
400.	**četiristoti** (четиристоти)	four hundredth
500.	**petstoti** (петстоти)	five hundredth
600.	**šeststoti** (шестстоти)	six hundredth
700.	**sedamstoti** (седамстоти)	seven hundredth
800.	**osamstoti** (осамстоти)	eight hundredth
900.	**devetstoti** (деветстоти)	nine hundredth
1000.	**hiljaditi, tisući** (хиљадити, тисући)	thousandth

SERBIAN (CYRILLIC) ALPHABET. TRANSLITERATION
LITTERAE SERVICAE (CYRILLIANAE). TRANSLITTERATIO

А а,	**a**	Ј ј,	**j**	Т т,	**t**
Б б,	**b**	К к,	**k**	Ћ ћ,	**ć**
В в,	**v**	Л л,	**l**	У у,	**u**
Г г,	**g**	М м,	**m**	Ф ф,	**f**
Д д,	**d**	Н н,	**n**	Х х,	**h**
Ђ ђ,	**đ (dj)**	Њ њ,	**nj**	Ц ц,	**c**
Е е,	**e**	О о,	**o**	Ч ч,	**č**
Ж ж,	**ž**	П п,	**p**	Џ џ,	**dž**
З з,	**z**	Р р,	**r**	Ш ш,	**š**
И и,	**i**	С с,	**s**		

SLOVAK – SLOVACA

resumé, summary 330
revízia, revision 290
rez, engraving 132
rezať, engrave 131
rezumovať, summarize 329
ročenka, year-book 377
ročník, volume[2] 367
rok, year 376
rokovať, treat 351
rok tlače, date of printing 106
román, novel 213
romány a novely, fiction 146
rozličný, miscellanea *pl.* 203
rozmnoženie, reproduction 286
rôzne, miscellanea *pl.* 203
rozpomienky *pl.*, memoirs *pl.* 197
rozprávka, fable 143
rozšíriť, enlarge 133
roztratene, passim 237
rub, verso 365
rukopis, manuscript 192
rukoväť, handbook; pocket-book 156; 247
ryť, engrave 131
rytina, engraving 132

s, with 368
sadzba, matter 195
scenár, scenario 294
sekcia, section 301
separát, offprint 221
séria, series 305
signatúra, location mark; signature 189; 310
skladať básne, write poetry 373
sklad kníh, stack-room 320
skrátený popis, abbreviated entry 2
slepecké písmo, braille printing 52
sloha, strophe 325
slovník, dictionary 116
so, with 368
spevník, songbook 315
spis, document 117
spisovateľ, writer 374
splnomocniť, authorize 37
spoločnosť, society 313
spoluautor, joint author 174
spolupracovať, collaborate 72
spolupracovník, collaborator 73
spracovať, elaborate 128
správa, report[1] 283
správy *pl.*, transactions *pl.* 346
sprievodca, guide(-book) 155
starý, ancient 17
stenografia, shorthand 308
stĺpec, column 77
storočie, century 62
strana, page 228
stránkovanie, paging 229
strofa, strophe 325
strojopis, typescript 353
strojopisný exemplár, typescript 353
súpis, list 184
svadobná pieseň, bridal song 53
svetlotlač, collotype 76
systematické radenie, classification 69

škola, school 295
štátna knižnica, state library 322
štatút, statute[1] 323
štúdia, study 326

tabela, table 333
tabuľa, plate 245
tabuľka, table 333
text, text 337
titul, title 341
titulný list, title page 343
tlač, impression; press[1] 162; 260
tlačiar, printer 264
tlačiareň, printing office 266
tlačiarstvo, typography 355
tlačiť, print[1] 261
tlačivo, printed matter 263
tlačová chyba, printer's error 265
tragédia, tragedy 345
transkripcia, transcription 347
transliterácia, transliteration 350
tu i tam, passim 237

učebnica, textbook 338
ukazovateľ, index 167
umenie, art 30
univerzita, university 359
univerzitná knižnica, university library 360

APPENDIX

CALENDAR UNITS — TEMPORA

január, January	I	**december,** December	XII	**polročný,** half-yearly, semi-annual	XXII
február, February	II	**pondelok,** Monday	XIII	**štvrťročný,** quarterly	XXIII
marec, March	III	**utorok,** Tuesday	XIV	**mesiac,** month	XXIV
apríl, April	IV	**streda,** Wednesday	XV	**mesačný,** monthly	XXV
máj, May	V	**štvrtok,** Thursday	XVI	**polmesačný,** fortnightly, semi-monthly	XXVI
jún, June	VI	**piatok,** Friday	XVII	**týždeň,** week	XXVII
júl, July	VII	**sobota,** Saturday	XVIII	**týždňový,** weekly	XXVIII
august, August	VIII	**nedeľa,** Sunday	XIX	**deň,** day	XXIX
september, September	IX	**rok,** year	XX	**denný, dňový,** daily	XXX
október, October	X	**ročný,** yearly, annual	XXI		
november, November	XI				

NUMERALS — NUMERI

1	**jeden, -dna, -dno**	one	16	**šestnásť**	sixteen
2	**dva, dve**	two	17	**sedemnásť**	seventeen
3	**tri**	three	18	**osemnásť**	eighteen
4	**štyri**	four	19	**devätnásť**	nineteen
5	**päť**	five	20	**dvadsať**	twenty
6	**šesť**	six	21	**dvadsaťjeden, jedenadvadsať**	twenty one
7	**sedem**	seven	30	**tridsať**	thirty
8	**osem**	eight	40	**štyridsať**	forty
9	**deväť**	nine	50	**päťdesiat**	fifty
10	**desať**	ten	60	**šesťdesiat**	sixty
11	**jedenásť**	eleven	70	**sedemdesiat**	seventy
12	**dvanásť**	twelve	80	**osemdesiat**	eighty
13	**trinásť**	thirteen	90	**deväťdesiat**	ninety
14	**štrnásť**	fourteen	100	**sto**	hundred
15	**pätnásť**	fifteen			

200 dvesto	two hundred
300 tristo	three hundred
400 štyristo	four hundred
500 päťsto	five hundred
600 šesťsto	six hundred
700 sedemsto	seven hundred
800 osemsto	eight hundred
900 deväťsto	nine hundred
1000 tisíc	thousand
1. prvý, -á, -é	first
2. druhý	second
3. tretí	third
4. štvrtý	fourth
5. piaty	fifth
6. šiesty	sixth
7. siedmy	seventh
8. ôsmy	eighth
9. deviaty	ninth
10. desiaty	tenth
11. jedenásty	eleventh
12. dvanásty	twelfth
13. trinásty	thirteenth
14. štrnásty	fourteenth
15. pätnásty	fifteenth
16. šestnásty	sixteenth
17. sedemnásty	seventeenth
18. osemnásty	eighteenth
19. devätnásty	nineteenth
20. dvadsiaty	twentieth
21. dvadsiaty prvý, jedenadvadsiaty	twenty first
30. tridsiaty	thirtieth
40. štyridsiaty	fortieth
50. päťdesiaty	fiftieth
60. šesťdesiaty	sixtieth
70. sedemdesiaty	seventieth
80. osemdesiaty	eightieth
90. deväťdesiaty	ninetieth
100. stý	hundredth
200. dvojstý	two hundredth
300. trojstý	three hundredth
400. štvorstý	four hundredth
500. päťstý	five hundredth
600. šesťstý	six hundredth
700. sedemstý	seven hundredth
800. osemstý	eight hundredth
900. deväťstý	nine hundredth
1000. tisíci	thousandth

SLOVAK ALPHABET

LITTERAE SLOVACAE

A a, Á á, ä
B b
C c
Č č
D d, Ď ď
E e, É é
F f
G g
H h
Ch ch
I i, Í í
J j
K k
L l, Ľ ľ
M m
N n, Ň ň
O o, Ó ó, Ô ô
P p
Q q
R r, Ŕ ŕ
S s
Š š
T t, Ť ť
U u, Ú ú
V v
W w
X x
Y y, ý
Z z
Ž ž

SWEDISH – SUECICA

lexikon, dictionary 116
lista, list 184
liten, little 188
litografi, lithograph(y) 187
litteratur, literature 186
ljustryck, collotype 76
lokalsignum, location mark 189
lovkväde, panegyric 230
lovsång, panegyric 230
lustspel, comedy 78
lån, lending 180
lämningar, literary remains *pl.* 185
lärobok, textbook 338
lösbladsbok, loose-leaf book 190

marginal, margin 194
maskinskrift, typescript 353
med, with 368
medarbeta, collaborate 72
medarbetare, collaborator 73
meddelande, bulletin; report[1]; transactions *pl.* 54; 283; 346
medförfattare, joint author 174
medverka, collaborate 72
memoarer *pl.*, memoirs *pl.* 197
mikrofilm, microfilm 200
miniatyr, miniature 201
minnesskrift, memoir 196
minnestal, memorial speech 198
modetidskrift, fashion magazine 145
modifiera, change[1] 63
monografi, monograph(y) 204
musik, music 205
musikalier *pl.*, printed music 263
möte, assembly 32

namn, name 206
nationalbibliotek, national library 207
nekrolog, obituary notice 216
not, annotation; footnote 22; 149
novell, short story; story 309; 324
nummer, number[1]; number[2] 214; 215
ny, new 208
nytryck(ning), reprint[1] 285

och, and 18
officiell, official 220
ofullständig, defective; incomplete 110; 165
oförändrad, unchanged 356
om, about; of; on 3; 218; 222
omarbeta, rewrite 291
omtryck(ning), reprint[1] 285
ordbok, dictionary 116
ordlista, glossary 154
ordna, arrange 29
ordspråk, adage 7
ordstrid, polemic 251
original, original 226
originalupplaga, original edition 227
ort, place 243
utan **ort utan år (u. o. u. å.),** no place no date 210
otryckt, unpublished 361
outgiven, unpublished 361

paginering, paging 229
papper, paper[1] 231
papyrus, papyrus 233
paragraf, paragraph 234
passim, passim 237
pergament, parchment 235
periodisk, periodical[1] *a.* 238
periodisk skrift, periodical[2] *n.* 239
personbibliografi, author bibliography 36
plagiat, plagiarism 244
plan, sketch 312
plansch, plate 245
pliktexemplar, deposit copy 112
poesi, poetry 250
polemik, polemic 251
polyglott, polyglot 252
porträtt, portrait 253
postum, posthumous 254
president, president 259
press, press[1] 260
prosa, prose 267
protokoll, minutes *pl.* 202
provisoriskt kort, temporary card 336
pseudonym, pseudonym 269
publicera, edit[2] 123
på, in; on 164; 222

radering, etching 137
rapport, bulletin; report[1] 54; 283

APPENDIX

CALENDAR UNITS — TEMPORA

januari, January	I	**december,** December	XII	**halvårs-,** half-yearly, semi-annual	XXII
februari, February	II	**måndag,** Monday	XIII	**kvartals-,** quarterly	XXIII
mars, March	III	**tisdag,** Tuesday	XIV	**månad,** month	XXIV
april, April	IV	**onsdag,** Wednesday	XV	**månatlig,** monthly	XXV
maj, May	V	**torsdag,** Thursday	XVI	**halvmånads-,** fortnightly, semi-monthly	XXVI
juni, June	VI	**fredag,** Friday	XVII	**vecka,** week	XXVII
juli, July	VII	**lördag,** Saturday	XVIII	**vecko-,** weekly	XXVIII
augusti, August	VIII	**söndag,** Sunday	XIX	**dag,** day	XXIX
september, September	IX	**år,** year	XX	**daglig,** daily	XXX
oktober, October	X	**årlig,** annual, yearly	XXI		
november, November	XI				

NUMERALS — NUMERI

1	**en, ett**	one	16	**sexton**	sixteen
2	**två**	two	17	**sjutton**	seventeen
3	**tre**	three	18	**aderton, arton**	eighteen
4	**fyra**	four	19	**nitton**	nineteen
5	**fem**	five	20	**tjugo, tjugu**	twenty
6	**sex**	six	21	**tjugoen, tjugoett**	twenty-one
7	**sju**	seven	30	**trettio**	thirty
8	**åtta**	eight	40	**fyrtio**	forty
9	**nio**	nine	50	**femtio**	fifty
10	**tio**	ten	60	**sextio**	sixty
11	**elva**	eleven	70	**sjuttio**	seventy
12	**tolv**	twelve	80	**åttio**	eighty
13	**tretton**	thirteen	90	**nittio**	ninety
14	**fjorton**	fourteen	100	**hundra**	hundred
15	**femton**	fifteen	200	**tvåhundra**	two hundred

300 **trehundra**	three hundred	16. **sextonde**	sixteenth
400 **fyrahundra**	four hundred	17. **sjuttonde**	seventeenth
500 **femhundra**	five hundred	18. **adertonde, artonde**	eighteenth
600 **sexhundra**	six hundred	19. **nittonde**	nineteenth
700 **sjuhundra**	seven hundred	20. **tjugonde**	twentieth
800 **åttahundra**	eight hundred	21. **tjugoförsta**	twenty-first
900 **niohundra**	nine hundred	30. **trettionde**	thirtieth
1000 **tusen**	thousand	40. **fyrtionde**	fortieth
1. **första, -e**	first	50. **femtionde**	fiftieth
2. **andra, -e**	second	60. **sextionde**	sixtieth
3. **tredje**	third	70. **sjuttionde**	seventieth
4. **fjärde**	fourth	80. **åttionde**	eightieth
5. **femte**	fifth	90. **nittionde**	ninetieth
6. **sjätte**	sixth	100. **hundrade**	hundredth
7. **sjunde**	seventh	200. **tvåhundrade**	two hundredth
8. **åttonde**	eighth	300. **trehundrade**	three hundredth
9. **nionde**	ninth	400. **fyrahundrade**	four hundredth
10. **tionde**	tenth	500. **femhundrade**	five hundredth
11. **elfte**	eleventh	600. **sexhundrade**	six hundredth
12. **tolfte**	twelfth	700. **sjuhundrade**	seven hundredth
13. **trettonde**	thirteenth	800. **åttahundrade**	eight hundredth
14. **fjortonde**	fourteenth	900. **niohundrade**	nine hundredth
15. **femtonde**	fifteenth	1000. **tusende**	thousandth

SWEDISH ALPHABET

LITTERAE SUECICAE

A a	**K k**	**U u**
B b	**L l**	**V v**
C c	**M m**	**W w**
D d	**N n**	**X x**
E e	**O o**	**Y y**
F f	**P p**	**Z z**
G g	**Q q**	**Å å**
H h	**R r**	**Ä ä**
I i	**S s**	**Ö ö**
J j	**T t**	

CONTENTS – INDEX